今ではありえない
鉄道迷場面

1章　今ではありえない鉄道シーン

2章　もう見ることのできない鉄道員の雄姿

3章　記憶に残しておきたい車両

4章　今となっては貴重な列車光景

5章　バラエティに富んだ鉄道貨物輸送

6章　とても懐かしい車内の様子

7章　もう見ることのない鉄道施設

8章　駅に当たり前にあったシーン

※現在では禁止されている行為や、立ち入り禁止場所
への立ち入り、安全運行上問題のある写真についても、
撮影当時のおおらかだった鉄道シーンのひとつとして
掲載しています。

今ではありえない鉄道シーン

線路上を歩く人、線路で遊ぶ子どもたち、
ホームの外で乗降する乗客。現在なら駅員
や警察官に制止され、場合によっては逮捕
されかねないようなことが、昭和のある時
代までは半ば公然と行われていた。労組の
スローガンが書かれた車両もそのまま走行
していた。

ホームからあふれて
列車に乗り込む人々

旅客輸送の主役が
鉄道の頃地方にも
長大な編成が

　1960年代まではモータリゼーションが未発達で、朝夕の通勤通学輸送時には各地のローカル線でも長大な編成が組まれていた。ホームが短い駅では列車はホームからはみ出して停車し、乗客はホームのないところでも乗降を行っていた。岩波駅は1911（明治44）年に御殿場駅と裾野駅の間に岩波信号場として開業した。御殿場線が非電化複線の東海道本線だった時代で、25‰という急勾配の途中に設けられたために構内はスイッチバックだった。1934（昭和9）年に御殿場線に、1944（昭和19）年に単線になり、岩波駅は信号場から駅に昇格した。御殿場線は1968（昭和43）年に電化され、同駅のスイッチバックは廃止されたが、現在でも沼津寄りに痕跡が残っている。

御殿場線岩波駅で乗り降りをする乗客たち。列車は下り沼津行きの923レで、牽引機は国府津機関区のD52形101号機　1966年9月29日　撮影/荒川好夫

線路上を歩いて帰宅する人

ローカル線の線路上は
近くて迷わぬ道だった

　五能線の八森〜鰺ケ沢間はほぼ日本海の海岸線に沿っていて、海の反対側は線路間近まで山が迫り、集落はほぼ線路沿いに設けられていた。つまり線路をたどっていけば、最短コースで集落近くまで行けたのだ。冬には降雪があり、地吹雪に見舞われると道を見失う恐れもあったから、枕木を踏んで線路を歩いたほうが迷う心配がなく、むしろ安全だった。写真が撮影

された当時、1965（昭和40）年前後の五能線の運行本数は1日6〜7往復で、現在よりも多かった。それでも概ね2時間ごとの運転で、下車した後は逆方向から来る列車の時刻を承知していれば、線路を歩いても危険は少なかった。いつ来るのかわからない自動車を気にしながら道路を歩くよりも、はるかに安心だったのだ。

五能線艫作駅の列車の下車客たち。雪が降り積もった枕木を踏みしめて線路を道代わりにして歩く　1965年1月　撮影/荒川好夫

東京駅に
入線してくる
ブルートレイン

ブルートレインの全盛期
九州へ、東北へと疾駆

　1980年代まで、長距離鉄道旅行の主役といえばブルートレインの愛称で知られる20系、14系、24系客車で編成された夜行寝台特急群だった。ブルトレは九州、東北、奥羽、北陸、山陰などの主要幹線を夜を徹して駆け抜けていた。ブルトレの栄えある名の一番手が東京駅と博多駅を結んだ「あさかぜ」で、個室寝台車や食堂車を連結した豪華列車としても知られていた。1970年代後半、山陽新幹線全通後も、東京駅第6ホーム（12、13番線）には、「あさかぜ1号」はじめ、九州、山陰方面へ向かうEF65形1000番代（PF形）に牽引された24系25形のブルトレが山のような荷物を抱えた乗客に迎えられて、次々に入線、出発していた。

東京駅13番線に入線する、博多行き特急「あさかぜ1号」。牽引機は東京機関区のEF65形1110号機　撮影/小野純一

線路上で遊ぶ
こどもたち

本物の線路で電車ごっこ
駅も線路も子どもの遊び場

「線路に入ってはいけません。線路で遊んではいけません」ということを、幼稚園でも小学校でも先生は繰り返して教えるのだが、その昔、そうした注意を素直に聞く子どもは少なかった。子どもたちは線路に耳を当てて電車が近づいてくる音を聞いたり、線路上に釘やコインを置いて電車に轢かせてぺったんこにしたりなど、次々に危険な遊びを発明した。ストライキで電車が動かない、電車が絶対に来ないとわかっていれば、線路上はそれこそ格好の遊び場になった。半世紀ほど前頃には、「ストライキのときくらいは線路に入ってもかまわない」といって、線路上での遊びを大目に見てくれる、ある意味大らかな大人たちも多かった。

京王井の頭線西永福駅2番線渋谷方面行きのホーム脇。隣の永福町駅までは700mしか離れていないので、天気がいい日にホームが見えるのは今も変わらない
1966年5月8日　撮影/荒川好夫

ストライキで線路を歩いて移動する乗客

線路が道路の代わりに
スト中ならではの光景

　かつては国鉄ばかりでなく、私鉄各社も頻繁にストライキを行っていた（西武鉄道などの数社を除く）。ストが行われる前日から会社近くに寝泊まりしたり、自宅に仕事を持ち帰ったりと、乗客のほうもストライキに慣れていた。自宅と会社が近ければ、線路上を歩いて通勤する人も珍しくなかった。井の頭線は駅間距離が短く踏切が多いので、線路上を歩けば、線路近くの目的地へ容易に行き着くことができた。また、このときとばかり至近距離で電車を眺めたり撮影したりする人もいた。写真は永福町駅から吉祥寺方面を見たところ。写真右側は、1970（昭和45）年に富士見ヶ丘に移転するまで永福町にあった井の頭線の車両工場と車庫で、現在は京王バスの車庫になっている。

京王井の頭線の永福町駅。左の電車は3000系第8編成。車体前面のFRP部分の色はブルーグリーン　1966年5月8日
撮影／荒川好夫

15

団結と
書かれたD51

国鉄労組が行った春闘
ストの代わりの順法闘争

写真は北海道長万部機関区の動労（国鉄動力車労働組合）組合員による、1973（昭和48）年の春闘に向けてのメッセージが書かれたD51形蒸気機関

車。国鉄は公共企業体で、職員の動労や国労(国鉄労働組合)組合員はストライキを禁じられていたため、ストの代わりに順法闘争を行った。順法闘争とは、運転安全規範などの規則を厳格に順守すると朝夕のラッシュ時に列車が遅延することを逆手にとった労働争議戦術だった。しかし、列車

が数十分から数時間遅れるうえにすべての列車が超満員になって乗車できない乗客が多数出るなどして、この年は3月13日には上尾駅で、4月24日には赤羽駅などで、乗客が列車の窓を割ったり放火したりするなどの騒ぎが起こった。

撮影当時、五稜郭機関区は無煙化が完了した頃で、D51形234号機は長万部機関区の所属だった。同機は6月に岩見沢第一区に移転し、そこで廃車となった。　1973年3月22日
撮影/荒川好夫

「21000円」よこせ
の中央線

労働争議のピークの季節
スローガン電車「アジ電」

　撮影は1972（昭和47）年4月。この年は1957（昭和32）年から続いていた高度経済成長の最後の時期にあたり、前年のニクソンショックや、翌年から始まったオイルショックによって、経済の成長が行き詰まりを見せ始めた頃でもあった。国鉄職員の間では、国労、動労、鉄労（鉄道労働組合）3組合の対立が明確になり、労使協調を掲げる鉄労に対して国労や動労の政治活動がより過激さを増していった。電車の車体に労組のアジテーション（扇動）のスローガンが書きなぐられた「アジ電」は、そのシンボルとなった。この年の春闘では、賃上げ闘争に加え、窓横に貼られたビラにあるように、「マル生運動」（生産性向上運動）に対する激しい反対運動も行われた。

春闘のさなか、新宿駅で出発を待つ中央線101系電車。電車の乗客も順法闘争での遅延には慣れていた　1972年4月28日
撮影/荒川好夫

下げる窓、急行寝台車の朝の換気シーン

国鉄軽量車両の嚆矢
10系客車の一段下降式窓

1950年代後半に登場した10系客車は車体長20mと当時にしては長く、寝台車などは車体幅が2.9mという大型の「セミ・モノコック構造（準張殻構造）」車体で、下に下げる一段下降

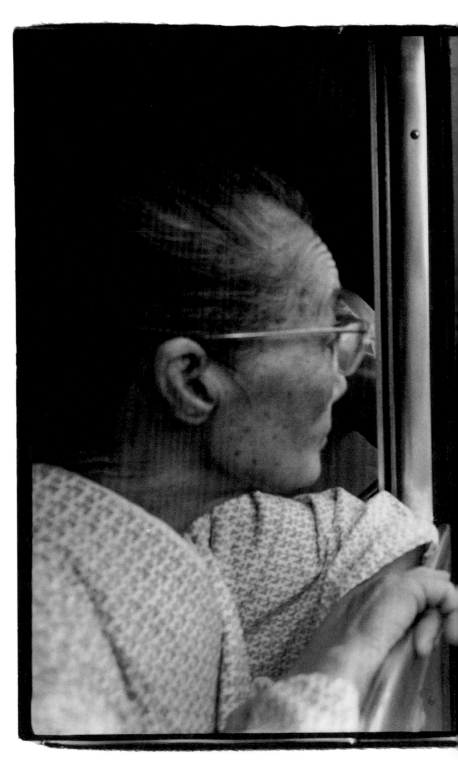

式の窓が採用された。その後に製造された151系などの新性能電車の先駆けとなった軽量車体の客車で、当初は長距離急行列車を中心に運用されていた。登場時は二等寝台車（のちのA寝台）オロネ10形を除き非冷房車だったので、朝になると換気のために窓

が開けられていた。大型の一段窓は明るく上げ下げも楽と、当初は好評をもって迎えられたが、窓下の水抜き穴が不十分で溜まった水が抜けきらず、車体下部の腐食が急速に進行して、製造から10年あまりで老朽化が目立つようになった。

上野発長岡経由金沢行きの夜行急行「北陸」の車内（北陸線内）から窓を下げて撮影。「北陸」にはB寝台車ナハネ10形が連結されていた　1966年9月
撮影／荒川好夫

ローカル線で
通学する小学生

気動車？　それともバス？
レールバスで学校へ

　写真はスクールバスならぬ南部縦貫鉄道のレールバスに乗って七戸の小学校へと通う子どもたち。撮影は青森県上北郡天間林村（現・七戸町）の坪川駅。同駅があった南部縦貫鉄道は東北本線（現・青い森鉄道）の野辺地駅と七戸を結んで1962（昭和37）年に開業し、2002（平成14）年に廃止され

た。レールバスはバス程度の大きさの小型気動車で、乗車定員が少ないローカル線向けに開発された。南部縦貫鉄道のレールバスは富士重工業製で、バス用のディーゼルエンジンを搭載し、窓はバス窓、ドアもバス用の折扉で、見た目もバスそのもの。日本で最後まで営業運転を行っていたレールバスだった。現在は旧七戸駅構内で動態保存され、撮影会などが催されることもある。

南部縦貫鉄道の坪川駅で。画面左端の線路の下に見える石組は、駅名の由来となった坪川に架かる橋梁の橋台　1992年11月4日
撮影／荒川好夫

2章

もう見ることのできない鉄道員の雄姿

当然ながら、鉄道員は運転士と車掌、駅員に限らない。貨物駅や工場、線路脇など、一般乗客の目に触れないところでも、たくさんの鉄道員が鉄道のために働いている。調理師やバーテンダーのように、免許や特殊技術を持っている人も鉄道員の仲間だった。

ブルートレイン機に乗り込む機関士2名

機関士と助士の2人体制
運転前の点検も2人で

国鉄時代、機関車の運転は機関士と機関助士の2人体制だった。機関士とは動力車操縦者のことて、鉄道では「鉄道機関士」や「列車機関士」と呼ばれていた。国鉄時代は、機関士と運転士は乗務員養成の時点で別の科に分かれており、機関車の運転は機関士、電車の運転は運転士と、職名が区別されていた。民営化後に職名が運転士に統一され、現在は機関士という呼び方はなくなったが、かつては同じ電気車の運転士でも、電気機関士は電車運転士よりもワンランク上の存在だった。

現在、動力車操縦者の資格を得るためには、国土交通省が認可している養成施設で専門の教育訓練を受けて試験に臨み、「動力車操縦者運転免許」を取得する必要がある。

東京機関区で特急「富士」の牽引機EF65形1113号機に乗り込む機関士と機関助士。助士は点検用のハンマーを手にしている
1979年11月14日　撮影/荒川好夫

踏切障害実験を行う

板で衝突事故を起こす実験
緊急回避の訓練も

　鉄道事故の死亡事由の大半を占めているのが踏切事故だ。過去、踏切事故数が最大だったのは1961（昭和36）年で、全国で70738件もの事故が起こった。この年、踏切事故を減らすために踏切道の立体交差化や構造改良、保安設備に関する踏切道改良促進法が制定された。踏切事故の実態を明らかにし、危険を広く知らしめると同時に危険回避の訓練を行うため、踏切障害実験も公開で行われた。写真は京王井の頭線の高井戸～浜田山間で行われた実験。実験年の1964（昭和39）年には踏切の数は6万カ所以上あり、年間4000件以上もの踏切事故が起こっていたが、以降踏切の数は減り続け、2021（令和3）年には踏切は32540カ所に、踏切事故は217件まで減少した。

井の頭線高井戸～浜田山で実験を行う3000系第3編成。車体前面のFRP部分の色はサーモンピンク。画面右手には、現在は杉並清掃工場があり、その先に環状八号線が通っている　1964年5月29日
撮影／荒川好夫

南部縦貫鉄道
荷物を運ぶ人

荷物を背負って
線路を横断

　南部縦貫鉄道は、そもそもは貨物輸送を目的として建設された鉄道だった。そのため、貨物輸送用に本務機のD45形、予備機としてDC251形というディーゼル機関車が投入された。沿線の天間林鉱山で産出する砂鉄を青森県むつ市に建設予定だった製鉄所に運ぶことが貨物輸送の中心と想定されていたのだが、折しも海外の輸入鉄鉱石の値段が下落し、結局砂鉄輸送は行われなかった。それでも沿線の農産物を中心に細々と貨物輸送が続けられていたが、1984（昭和59）年の国鉄の貨物輸送合理化による野辺地駅での貨物取扱廃止によって終焉を迎えた。写真は野辺地駅で荷物を背負って運ぶ南部縦貫鉄道職員。小荷物はレールバス輸送で十分な量だった。

南部縦貫鉄道は野辺地駅で国鉄東北本線、大湊線と連絡していた。写真撮影当時、大湊線にはまだ蒸気機関車が残っていて、野辺地駅でレールバスと顔を合わせることもあった　1971年1月22日　撮影／荒川好夫

貨車に珪石を
積み込む

重い珪石を人力で積み込む
経済成長期の工業を支える

　珪石は主に二酸化珪素 SiO_2 を主成分とする鉱物や岩石の総称で、昔からガラス、セメント、鉄鋼、陶磁器などの材料として利用されてきた。かつては日本の各地で採掘され、高度経済成長期の産業を支えていたが、海外から低価格の鉱石が輸入されるようになって、国内の鉱山は次々に閉山した。写真は篠山線の村雲駅で貨車に珪石を積み込んでいる場面。村雲駅の駅舎に面して写真の貨物用ホームが、少し離れた所に旅客用ホームが設けられていた島式ホーム1面2線（1線は撤去）に貨物側線1線構造の駅だったが、珪石の搬入や積み込みのために構内は広々としていた。村雲駅は旅客より珪石などの貨物輸送が中心の駅だったのだ。1972（昭和47）年、同駅は篠山線の廃線と同時に廃止された。

珪石が積み込まれている貨車はトラ55000形。1962年から製造が始まった18/15t積みの二軸無蓋車だ　1971年10月17日
撮影／荒川好夫

防雪柵の補修

雪から列車や線路を守る
吹雪のあいまの人力作業

　北国の鉄道にとっての難敵は、やはり雪だ。鉄道の運行を守るため、防雪林やスノーシェッドなど、これまでさまざまな雪対策が講じられてきた。防雪柵もその一つで、吹雪で発生する吹きだまりなどから列車や路線を守るため、早くも1880年代から線路脇に設けられてきた。最近は鋼製や樹脂製で、夏期はたたんだり取りはずしたりできる防雪柵が主流になっているが、かつては木材の柱と桟に板、茅、竹、葦などを結んで作られていた。現在でも間伐材の利用や環境対策として、自然素材が使用されることがある。植物由来の材料は環境には優しいが、補修には手間がかかる。列車の安全運行のため、吹雪のあいまを縫って人力で修復を行うのは大変な作業だ。

磐越西線の防雪柵。防雪柵には線路から離れた場所に設置して、あえて柵周辺に吹きだまりを作るものと、線路に近接して設置して風の流れで吹きだまりを作らせないものの2種類がある　1980年12月27日
撮影／荒川好夫

荷物車へ新聞を積み込む

スピードが命の新聞輸送現在も細々と継続

　国鉄による荷物輸送には最優先で運ばなければならない「急送品」の区分があり、動物や生鮮食品、血液血清類などとともに「報道用原稿」も含まれていた。情報をいかに早く入手していかに早く発信するかは、いつの時代も変わらぬ命題なのだ。刷り上がった新聞も一刻も早く読者のもとに届けるために、昔は急行荷物列車で運ばれていた。写真は隅田川駅での新聞積み込みの様子。乱暴に放り投げているようにも見えるが、限られた時間内に必要な量を積むことが作業者に課せられた使命だった。1986（昭和61）年に国鉄の荷物列車は廃止されたが、その後もJR東日本やJR東海は一部の営業列車の車内を仕切って荷物スペースとし、新聞輸送を行っている。

常磐線隅田川駅でクモニ83形荷物電車に新聞を積んでいる。クモニ83形は72系電車からの改造車で、当時の旧型電車ながら新性能電車とも併結が可能だった　1981年10月24日　撮影/荒川好夫

オレンジカードを車内販売する

特急の車内でオレカ販売
車内販売限定のカードも

　オレンジカードは国鉄時代の1985（昭和60）年3月25日に関東地方の主要駅で販売が開始された磁気式のプリペイドカードで、「オレカ」の略称で知られていた。オレカには500円券、1000円券、3000円券、5000円券、10000円券の5種類があり、みどりの窓口やカード券売機で販売されていた。一部の特急列車の車内でも購入でき、写真のように車掌が車内を回って販売を行うこともあった。オレカは自動改札機では使用できず、イオカードやSuica登場後の2013（平成25）年に販売終了となった。車内販売限定のオリジナルカードや国鉄時代のカードの中にはコレクターアイテムとしてネットオークションで高額で取り引きされているものもある。

オレンジカードには、鉄道車両や沿線の名所旧跡のほか、花、鳥、動物など、さまざまな図案があった「トマムサホロエクスプレス」車内　1988年1月9日　撮影／森嶋孝司

スクラム行進する国労

帽子には「団結」ハチマキ
安保反対、賃上げ貫徹

　国鉄労働組合(国労)の結成は戦後
まもない1946(昭和21)年2月で、日
本国有鉄道(国鉄)発足以前のことだ
った。当初は職員の96%が組合員だ
ったが、結成直後から組合内の意見の
対立が起こり、いくつもの党派に別れ
たり、対立グループが再度手を結んだ
りという離合集散を繰り返した。1949
(昭和24)年には国鉄機関車労働組合
(のちの動労)が、1962(昭和37)年
には第二組合(のちの鉄労)が分離し
別組織になった。写真は1970(昭和
45)年9月の汐留駅構内。この年の前
後数年間は、賃上げ闘争、反安保、ベ
トナム戦争反対、反マル生闘争、スト
権ストなどで国労組合員の政治活動
が激化した「政治の季節」だった。国
労はJR化後も組合名を変更せずに存
続している。

1970年は、安保紛争はじめ、三島由紀夫
割腹事件、よど号ハイジャックなどのショッ
キングな事件も、大阪万博や歩行者天国の
スタートといった華やかな出来事もあった
年だった　1970年9月11日　撮影/荒川好夫

ビュッフェの
販売員

ビュッフェ全盛時代
料理の提供と車販と

　日本の鉄道のビュッフェは1両の半室がビュッフェ、半室が客席という構造で、飲食スペースが狭く、立食スタイルが一般的だった。カウンターテーブルの内部に電子レンジや冷蔵庫などはあったが、調理設備は限られていた。ビュッフェ車のメニューは電子レンジで調理できるものやお湯で温めて出せるレトルト食品に限られていたため、スタッフの仕事は注文を受けたり、温めた料理をサービスしたりといった業務が中心だった。スタッフは交代で車内販売も行っていた。写真は上越新幹線「あさひ」のビュッフェ車200系237形。東海道新幹線の37形に準じた設計だが、カウンター上の列車速度を表示する速度計がデジタルになっている。

新幹線ビュッフェは、「帝国ホテル」、「都ホテル」、「日本食堂」、「ビュフェとうきょう」など、数社が運営していた。写真のビュッフェの運営は「聚楽」　1984年11月20日
撮影/荒川好夫

バーボンエクスプレスの
バーテンダー

列車内でバーボン飲み放題
昼からほろ酔い、いい気分

　国鉄から民営のJRになってしばらくすると、さまざまな企画列車が運行されるようになった。1987（昭和62）年10月15日〜31日の17日間、サントリーとのタイアップ列車「バーボンエクスプレス」が昼夜の2往復運行された。車内では「I.W.ハーパー」や「アーリータイムズ」などのバーボンが昼は2200円、夜は3200円で飲み放題だった。運転区間は品鶴線経由で品川〜大船間。牽引機には大船方にEF58形61号機が、品川方にはEF65形1110号機の2両が連結されてプッシュプルで運転された。客車は星条旗をイメージした塗装の12系とマニ50形の10両編成。車内はムードたっぷりのバーカウンター風で、本職のバーテンダーが乗務していた。

バーボンエクスプレスは大船方からスハフ12＋マニ50×3＋スハフ12＋オハ12×2＋マニ50＋オハ12＋スハフ12という、変則的な編成が組まれていた。写真はマニ50の車内　1987年10月15日　撮影/松本正敏

新幹線の調理師

揺れる車内の危険な作業
限られた調理器具や食材

　日本の鉄道に初めて食堂車が登場したのは1899（明治32）年。私鉄の山陽鉄道（現・山陽本線）の急行列車に食堂付きの一等車が連結されたのが始まりだ。以来、戦中、戦後の一時期を除いて、優等列車には食堂車が連結され、プロの調理師が乗り込んで厨房で腕を振るってきた。21世紀に入る

と食堂車を連結した列車は減っていった。最近は食堂車復活のきざしも多少見られるが、食堂車が衰退した理由の一つは、揺れる車内で働かなければならない食堂車の業務にあった。高温の油や熱湯は危険この上なく、狭い車内では調理器具も食材も限定されてしまう。そんな中でも乗客が満足する料理を提供するのは、過酷な業務だった。当時の家電の進化の具合などの時代状況を考えれば、尚更である。

東海道新幹線100系168形食堂車の調理室。調理師は外部からの派遣だった　1988年6月26日　撮影/荒川好夫

3 章

記憶に残しておきたい車両

製造両数は少なくとも形態や運用が印象深い車両、乗客の目に触れることは稀でも安全運行に欠かせない縁の下の力持ち的車両、前照灯やナンバープレートなどの目を惹く部分に特徴があった車両……。いつまでも記憶に残る車両群を紹介する。

DD50形
片運転台の
ディーゼル機関車

日本初の幹線用大型DL
顔は正面2枚窓の湘南形

　日本で第二次世界大戦前につくら
れたディーゼル機関車は、入れ替え
用の小型機しかなかった。戦後非電
化幹線の無煙化を図るため、本線用
の大型ディーゼル機関車の開発が進
められ、その一番手として登場したの
がDD50形6両である。DD50形は運
転台が片側にしかなかったために折り
返しの際には転車台が必要で、また単
機の場合は非力だったため、基本的
に2両を背中合わせに連結して重連
で運転を行った。エンジンは直列8気
筒、直噴式で、重連で使用した際の出
力は1030kwだった。当初は北陸本
線の急勾配区間、米原〜敦賀間の杉
津越えで用いられ、のちには米原〜田
村間で交直の連絡役として活躍した
が、1977(昭和52)年に全機が廃車と
なった。

北陸本線米原機関区のDD50形重連で、先
頭は5号機。DD50形は、登場当初は北陸本
線の急行「日本海」や「北陸」も牽引してい
た　1974年10月7日
撮影/荒川好夫

出荷組合員
指定車

行商人の専用客車
車内では物々交換も

　早朝に上野駅や両国駅に到着する列車には、行商人専用の客車が連結されていた。上野駅の場合は常磐線・成田線沿線から、両国駅は総武線沿線から風呂敷包みや行李に詰めた荷物を山のように背負って乗り込んでくる行商人の多くは、年配の人たちだった。荷物の中身は行商人の地元で採れた農産物や魚介類、その加工品や、行商人本人やその家族が作った衣類や小物が中心だった。専用車両が設けられた理由は、大荷物を持った人たちがボックス席を一人か二人と荷物でゆったり利用できること、終着駅に着くまでに行商人同士が車内で互いの商品を交換できること、そして、一般客には歓迎されない魚介類の匂いが専用車内だけに留まること、などであった。

出荷組合員指定車のサボが架かった車両は、スハ32形。戦前の1929年から製造が始まった20m級鋼製客車だった　1970年11月7日　撮影/荒川好夫

暖房スチーム車両

暖房用の蒸気を吐く客車冬期暖房の標準仕様だった

　蒸気を吐く客車の姿は郷愁を誘う。かつて、冬期の客車内は水蒸気で暖房を行う蒸気(スチーム)暖房で温められており、車外から漏れた蒸気が客車を覆うこともよくあった。列車の牽引機が蒸気機関車の場合は、機関車で発生した高温高圧の水蒸気がそのままホースで客車に送られていた。牽引機が電気機関車やディーゼル機関車の場合は、蒸気発生用のボイラーを積んだ暖房車を連結したり、蒸気発生装置(SG)を機関車に搭載したりしていた。しかし蒸気暖房には、編成が長くなると暖房の効きが悪くなる、電気機関車では水や蒸気が電気機器類に悪影響を与えるなどのデメリットがあった。現在では電車では電気暖房が、気動車では温水暖房や電気暖房が主流になっている。

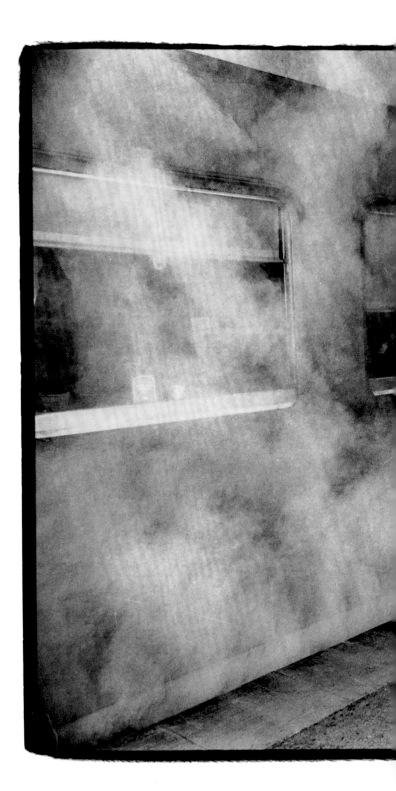

約半世紀前、東京〜西鹿児島間を30時間近くもかけて結んでいた急行「高千穂」「霧島」のナハ10形客車。 1974年2月
撮影/荒川好夫

トロリーカー

電化路線が非電化路線に
軽便が改軌され1067mmに

　小坂鉄道は1909（明治42）年に営業を開始し2008（平成20）年に廃止された鉄道で、秋田県の大館市と小坂鉱山を結んでいた。いくたびかの社名変更や、電化から非電化への変更、軌間762mmから1067mmへの改軌、旅客営業をやめた後は貨物鉄道になるなど、100年にわたる営業期間中にさまざまに変転した。

　トロリーカーは資材運搬や人員輸送、保守、点検などに用いられる小型の自走車両。小坂鉄道では主に鉱山用や軌道作業用に使用されており、写真のトロリーカーは鉱山用の機関車である。撮影は1962（昭和37）年の8月。この年の10月に小坂線の軌間が変更されると同時に電気運転が廃止された。

小坂鉱山山内軌道線小坂駅構内で作業にあたるトロリーカー。小坂駅構内には機関区やコンテナホームのほか、濃硫酸の貯蔵タンクや濃硫酸荷役線が設けられていた
1962年7月11日　撮影／牛島完

前照灯が窓の下にある
へそライト

都電屈指の大型5000形
伝統のへそライトを装備

5000形は1930(昭和5)年に登場した半鋼製3扉の都電(登場時は東京市電)車両。戦後の1953～1955(昭和28~30)年に登場したPCCカー5500

形とともに、都電車両としては車体の大きさと乗車定員の多さを誇っていた。しかし大きさが災いして、11系統（新宿駅前～月島通八丁目）や12系統（新宿駅前～両国駅）など、限られた数系統でしか用いられなかった。隣に並んだ6000形と比べると、その大きさが

よくわかる。路面電車の前照灯は運転席上に付けられることもあるが、都電は伝統的に運転席窓下の車両前面中央にあり、「へそライト」と呼ばれていた。8500形以後に製造された都電の新造車では、前照灯は前面腰部の左右に2灯配置されている。

靖国通り上の新宿駅前停留場で顔をそろえた11系統5000形（左）と12系統6000形都電。電車の背後に見えているのは、おなじみの新宿大ガード　1967年2月26日　撮影/荒川好夫

埼京線を走るオヤ31形
建築限界測定車両

埼京線の開業は1985年9月30日
だった。開業の前月に線路周辺の
安全確認を行う建築限界測定用
試験車　1985年8月6日
撮影/高木英二

かんざしをさした列車
線路周辺の安全確認車両

　オヤ31形は建築限界測定用試験車。
1949〜1961（昭和24〜36）年にスハ
32系客車のスロハ31・スハシ33・ス
ハ32・スヤ34・スヤ51を元に7両が
国鉄工場で改造製作された。建築限
界測定用試験車は、走行車両に線路
の周囲の障害物が触れないようにす
るために線路近くの建物が限界内に

収まっているかどうかを測定するため
の試験車両である。車体側面から矢
羽根を広げた形をしていて、矢羽根
に建築限界からはみ出した建造物が
触れると電気信号などによって接触
したことが表示されるという構造をし
ている。矢羽根を広げた姿が花魁（お
いらん）がたくさんの簪（かんざし）を
さしているようにも見えるところから、
「おいらん列車」とも呼ばれた。

車両ナンバーがローマン体のプレート

レトロモダンなローマン体 形式入りナンバープレート

　48674号機の車両ナンバーには、「ローマン体」と呼ばれる書体が使われている。ローマン体は古代ローマの碑文で用いられた書体を意識してデザインされた活字体で、文字を傾けず垂直に成立した立体活字が特徴で、戦時下に樺太庁鉄道局などの外地に供出されていない車両だけに用

いられていた。また、同機のナンバープレートの車両ナンバーの下には「形式　8620」と車両形式が記されている。48674号機は1921年の製造で、九州各地で用いられ、最後は鹿児島で入換機として働いていた。入換機のため、運転台は右側に、テンダーは後方視界の確保のために切り欠かれていた。1972（昭和47）年に廃車になったが、動輪は肥薩線吉松駅前に展示されている。

鹿児島機関区で入れ換え作業に従事する48674号機。右運転台仕様の入れ換え機で、動力逆転機が機関助士側にある　1969年3月25日　撮影/荒川好夫

4章

今となっては貴重な列車光景

「マイカー」と一緒に旅ができる列車もあれば、バイクと一緒に乗れる列車もあった。蒸気機関車も、ディーゼル機関車も、電気機関車も、三重連で運転されていた。遊園地には本物の鉄道が走っていた。いずれもある時代に実在した懐かしい風景だ。

オリエント急行

ユーラシア大陸を横断
オリエント急行日本を走る

アガサ・クリスティの小説や映画でもおなじみの名列車、オリエント急行はヨーロッパを代表する豪華列車だ。1883（明治16）年にパリ〜イスタンブール間で運転が始まり、西欧と東欧やトルコを結ぶオリエント急行が何系統も運行された。オリエント急行を日本で走らせるという夢のような企画が「オリエント・エクスプレス'88」で、1988（昭和63）年にフジテレビ開局30周年の記念イベントとして実現した。車両はスイスのインターフルーク社が所有するノスタルジー・イスタンブール・オリエント急行。パリ発東京行きとしてパリ・リヨン駅を起点にソ連〜中国とユーラシア大陸を横断し、香港から船で下松まで運んで、東京駅まで運行。それから3カ月にわたって日本各地を走行した。

EF65形電気機関車の1114号機に牽引されて、山手線の渋谷駅〜原宿駅間を進む豪華列車「オリエント・エクスプレス'88」
1988年10月19日　撮影/高木英二

カートレイン

カーフェリーより速く快適
人気列車はなぜ消えた?

　自動車は貨車に、運転者や同乗者は寝台車で寝ている間に愛車とともに九州や北海道へ着いてドライブができる。かつてそんな列車があった。カートレインである。1985(昭和60)年に汐留駅〜東小倉駅間で運行が始まると"カーフェリーよりも便利"と、すぐに乗車券の入手が困難な人気列車になり、東京〜北海道間など複数の列車が運転された。最初のカートレインは自動車搭載用のワキ10000形4両にナロネ21形2両＋カヤ21形の7両編成で、車1台＋大人と子ども2人ずつの4人家族で利用した場合、運賃は7万円弱だった。しかし1990年代に入ると、貨車に積めない3ナンバーやSUV車が増えて、カートレインは衰退。運行は終了した。

東海道本線の大森〜大井町間を進む東小倉駅発汐留駅行きの上りカートレイン。自らハンドルを握ることなく、A寝台車で眠ったまま長距離を移動できるとあって、当時は人気が高かった　1985年8月3日
撮影/高木英二

熱海駅に停車した
小田急ロマンスカーLSE

国鉄と小田急が技術協力
LSEが東海道本線に入線

　国鉄と小田急は都内と小田原や藤沢の間で競合関係にあるが、電車の開発については両者の技術陣が協力することがあった。1982（昭和57）年12月、新型特急用車両の開発を進めていた国鉄は小田急に連接車7000形LSEの貸し出しを申し入れた。ボギー車183系との比較試験を行うためである。このときはLSE車が東海道本線に入線し、大船駅と熱海駅の間で曲線の通過性能や乗り心地などについての試験走行が行われた。また1957（昭和32）年には、小田急と国鉄の技術者が共同で開発を行った小田急3000形SE車の高速試験が大船〜平塚間で行われた。このときには、時速143kmという当時の狭軌鉄道における世界最高速度を記録した。

東海道本線熱海駅で、国鉄113系電車と並んだ小田急7000形LSE車。LSEは前面展望席があるデハ7000形制御電動車を先頭にした11両固定編成の連接車だ　1982年12月11日　撮影/高木英二

湯田中直通の
スキー列車

都内から志賀高原へ直行
乗り換えなしのスキー列車

　1962（昭和37）年から20年にわた
って、国鉄の急行が長野電鉄に片乗り
入れを行っていた。信越本線の軽井
沢〜長野間が非電化だった時代には
キハ57系を使った急行「志賀」と「丸
池」が屋代駅から長野電鉄河東線（の
ちの屋代線と長野線）に入線し、信州
中野駅からは山ノ内線（現・長野線）
で湯田中駅まで直通していた。信越
本線電化後に列車名は「志賀」に統一
され、当初は165系、後年169系で
乗り入れていた。急行「志賀」は長野
行き急行の「信州」や「妙高」に併結
され、長野電鉄内はクモハ＋モハ＋ク
ハの3連運転だった。定期急行とは別
に、スキーシーズン中には湯田中行き
の「志賀スキー号」や木島行きの「野
沢スキー号」も活躍していた。

長野電鉄湯田中駅で169系3連の上野行
き急行「志賀」へ向かうスキーヤーたち。後
方の雪山は高井富士とも呼ばれる高社山
1980年2月4日　撮影／荒川好夫

MOTO
トレイン

夏の北海道ツーリング
バイクと一緒に列車で移動

　1986（昭和61）年夏、二輪車とライダーを一緒に輸送する列車が運転を始めた。上野〜函館間の列車は「MOTO トレイン」と呼ばれたが、この名は関西では「もと（が）とれん」と読めるので、大阪〜函館間の列車は縁起を担いで「モトとレール」と称された。カートレインとは異なり、両列車は定期列車に増結という形で運行された。上野発着列車は急行「八甲田」にバイク搭載車のマニ50形荷物車改造車を2両とライダー用のオハネ14を連結。大阪発着列車は寝台特急「日本海」1・4号にマニ50形1両を連結、ライダーは1〜6号車の寝台を利用した。長距離フェリーより乗車時間が短く都心から利用できるため人気を博したが、1998（平成10）年に廃止された。

函館本線函館駅で「MOTO トレイン」のマニ50形荷物車改造車からバイクを下ろすライダー。バイクの積み込みと運び出しはライダー本人が行った　1987年7月18日
撮影/髙木英二

向ヶ丘遊園地
豆電車線

向ヶ丘遊園へのアクセス
豆汽車から豆電車へ

　1927（昭和2）年に向ヶ丘遊園が開園すると、稲田登戸駅（現・向ヶ丘遊園駅）と向ヶ丘遊園を結ぶ鉄道が設けられ、「豆汽車」という名の列車が運転を開始した。戦中に一時撤去されたが、1950（昭和25）年からは小型の蓄電池機関車が牽引する「豆電車」が復活運転を始めた。乗車賃は片道大人20円、子どもは10円で、午前9時から10〜15分間隔で運転されていた。線路は単線で、路線の中間地点に列車交換ポイントの信号場が設けられていた。周辺道路の拡張のため、豆電車は1965（昭和40）年秋に廃止されたが、2年半後の4月にボート池を一周するフラワートレインとして復活して、1982（昭和57）年まで走った。豆電車の車両は一般社団法人「あしおトロッコ館」で保存、展示されている。

向ヶ丘遊園地電車の信号所で列車交換をする豆電車。左が日立製で、右が東芝製の蓄電池機関車　1965年5月
撮影/荒川好夫

向ヶ丘遊園モノレール

日本3番目の跨座式
小田急の正式な鉄道線

　向ヶ丘遊園モノレールは、向ヶ丘遊園へアクセスする豆電車が廃止された後を受けて1966（昭和41）年4月に開業した、向ヶ丘遊園駅〜向ヶ丘遊園正門駅間の1.1kmを結ぶ跨座式モノレールだ。遊園地付属の「乗り物」ではなく正式な鉄道としてつくられ、路線の大部分は二ヶ領用水の堤防の上に設けられた。車両形式は小田急500形、鉄レールの上を鉄車輪で走行するロッキード式を世界で初めて採用した。車体は運転室の部分だけが突出したユニークなスタイルで、定員120人、ここでのの最高速度は時速40kmだった。2000（平成12）年の定期点検時に台車に亀裂が見つかって運行を休止。向ヶ丘遊園も入園客が減少して2002（平成14）年に閉園した。

向ヶ丘遊園正門駅へと向かっていた向丘遊園モノレール500形。シルバーに赤帯の塗装や、顔のように飛び出した運転席の様子から、ウルトラマンにたとえられることもあった1994年10月25日　撮影/松本正敏

西武鉄道
山口線
「おとぎ電車」

列車の愛称は
「おとぎ電車」
12年にわたりSLも走行

　西武鉄道山口線は、1950（昭和25）年に多摩湖ホテル前駅〜上堰堤間、翌年、ユネスコ村駅までを結ぶ園内鉄道の「おとぎ線」として開業した。1952（昭和27）年に地方鉄道になって山口線に改称されたが、列車はその後も「おとぎ電車」の愛称で長く親しまれた。1985（昭和60）年に案内軌条式鉄道に転換。西武多摩湖線多摩湖駅と西武狭山線西武球場前駅を結ぶ「レオライナー」となった。写真はおとぎ電車時代のもので、牽引機は蓄電池機関車のB11形13号機、客車は密閉式の21形。1972（昭和47）〜1984（昭和59）年の間は蒸気機関車も用いられ、コッペル社製の頸城鉄道2号機、井笠鉄道1号機、台糖公司が所有していた527号機、532号機が牽引していた。

西武山口線のユネスコ村〜山口信号所間を走る蓄電池機関車に引かれた「おとぎ電車」。「レオライナー」に転換された際に路線の付け替えが行われた　1984年4月21日
撮影／森嶋孝司

非電化の豊肥本線を走る電車

DL+電源車+EC
783系が豊肥本線に

　熊本市街地の中心は熊本城から豊肥本線水前寺駅周辺にかけての一帯で、JR熊本駅は市街地の西側に位置している。JR九州発足当時の豊肥本線は非電化で列車本数も少なく、博多などから水前寺方面に向かうには熊本駅から熊本市電を利用するほうがはるかに便利だったため、豊肥本線の

利用者は少なかった。そこでJR九州は特急「有明」の車両を普通列車として熊本から水前寺駅まで乗り入れることにした。しかし特急「有明」は電車列車だったため、DE10形ディーゼル機関車で牽引し、電源車として当初はスハフ12形客車を、のちに車掌車ヨ8000形にディーゼル発電機を搭載したヨ28000形を連結して運行することになった。写真は白川橋梁を渡る783系「有明」。

783系ハイパーサルーン塗装のDE10形1756機+ヨ28000形に牽引されて、豊肥本線熊本駅～水前寺駅間を走る783系「有明」4連　1989年4月29日
撮影/松本正敏

非電化の
豊肥本線を走る
特急色の
DE10形

DE10形を特急色に塗装
臨時列車から定期に昇格

　特急「有明」が豊肥本線に乗り入れを開始したのは1987（昭和62）年3月21日。熊本〜水前寺間は、当初は毎日運転の臨時普通列車で結ばれていた。牽引機のDE10形ディーゼル機関車と電源車は下り水前寺駅方面に連結されて、上りは推進運転を行った。特急「有明」牽引の専用機には国鉄特急色のDE10形1755機と783系ハイパーサルーン塗装のDE10形1756機が用意され、電源車ヨ28000形も同じ色に塗装された。しかし1994（平成6）年7月1日、特急「有明」の豊肥本線乗り入れは中止され、2021（令和3）年3月13日には特急「有明」そのものが消滅してしまった。豊肥本線の熊本〜肥後大津間は1999（平成11）年10月1日に電化され、同区間の運転本数も大幅に増えている。

国鉄特急色塗装のDD10-1755機に牽引されて豊肥本線南熊本駅〜水前寺間（現・新水前寺駅付近）を進む、485系「有明」3連
1988年1月30日撮影/荒川好夫

DD16形の牽引で小淵沢から
非電化区間を走った
快速「葉ッピーきよさと」

新宿から小海線へ直行
DD16形で169系を牽引

「葉ッピーきよさと」は1988（昭和63）～1992（平成4）年に運転されていた新宿発の臨時快速電車。中央本線は電化路線、小淵沢駅で接続する小海線は非電化だが、この列車は小淵沢駅には停車せず、そのまま小海線の清里や小海に向かっていた。小淵沢駅は通過ではなくホームのない中線に運転停車し、その間に機関車の連結、解放やパンタグラフの緊縛処置を行っていた。中央本線内は169系電車が3連か4連で走行、小淵沢駅で牽引用のDD16形ディーゼル機関車を編成の前後に連結し、小海線はプッシュプル運転で走行していた。初年度は電源車代用のスハフ12形客車を連結していたが、翌年から牽引機に静止形インバータを搭載したため電源車は不要になった。

雄大な甲斐駒ヶ岳を背景に、小海線の小淵沢駅～甲斐小泉駅間、「小淵沢の大曲」の通称で知られる撮影の好ポイントを進む「葉ッピーきよさと」 1988年8月21日
撮影/松本正敏

DE10形に牽引されて
磐越西線を走った
「シルフィード」

風の妖精、「シルフィード」
DE10形に牽引されて

　JR東日本新潟支社が製造した「シルフィード」は交直両用電車初のジョイフルトレインだ。新製車体にサロ189と485系1000番代の部品を組み合わせて、1990（平成2）年に登場した。編成は1号車クロ484-1、2号車モロ484-1、3号車がクモロ484-1のグリーン車3連で、先頭車は前面展望室となった。交直両用電車の特徴を活かしてさまざまな路線に乗り入れた。非電化路線の磐越西線新津～喜多方

間の走行のため、専用の牽引機として同じ塗装が施されたDE10形1701号機も用意された。2001（平成13）年に普通車に格下げとなり、愛称は「NO.DO.KA（のどか）」に変更された。老朽化により、2018（平成30）年に廃車になった。

磐越西線の徳沢駅～豊実駅間を進む「シルフィード」。「シルフィード」はフランス語で"風の妖精"の意味。撮影地付近は阿賀野川に沿った景勝地で、両駅の間に福島と新潟の県境が引かれている　1990年9月24日　撮影/松本正敏

多層建て急行
「あがの」
「いなわしろ」
「いわき」

くっついたり離れたり
往復で異なる列車と連結も

　多層建て列車とは、始発駅や終着駅が異なる列車同士が分割したり併合したりしながら運転する列車のことをいう。国鉄時代には、列車によっては何度も分割併合を繰り返すということが行われていた。極端な例では、急行「陸中」は1970年前後、仙台〜秋田間で5、6本の急行と分割併合を行った。下りと上りで併合相手の列車が異なることもあった。東北本線と磐越西線経由で仙台と新潟を結んでいた急行「あがの」も多層建てを代表する列車だ。同じく1970年前後、仙台行き「あがの」は急行「いなわしろ」と喜多方駅や会津若松駅で、磐越東線経由で水戸から来た急行「いわき」と郡山駅で連結し、3層建ての急行になって東北本線を上った。

東北本線の南福島駅〜金谷川駅を進む多層建て急行。急行「いなわしろ」は会津線や只見線内では旧型のキハ52形や一般型のキハ23形の単行で運転されていたため、"遜色急行"という異名で呼ばれていた
1973年11月6日　撮影/荒川好夫

いろいろ連結して走る列車

除雪車、事業車、ホッパ車
北海道ならではの
列車編成

　DD51形500番代ディーゼル機関車に牽引されて函館本線を走る列車で、多種多彩な車両を連結している。DD51形の次位に連結されている3両はDE15形ディーゼル機関車の前後にラッセル車を連結した除雪列車。中ほどの央黄色の帯を巻いた客車は「ヤ」の車種記号を持つ職用車で、自社内の業務に用いられる車両だ。この2両は北海道内の鉄道職員用の巡回診療、保健検査用車両。その前後に2両ずつ連結されている貨車はセメント、石炭、石灰石などの輸送に使うホッパ車だ。編成を構成する車両群は一見ばらばらに見えるが、いずれも見事に北海道らしい車両たちだ。

ディーゼル機関車 三重連
(トリプルヘッダー)

岩手山バックにDL三重連 DD51形は盛岡で 運用を開始

盛岡以北の東北本線(現・いわて銀河鉄道線)の下り列車は、盛岡駅を出ると沼宮内から奥中山へと続く長く険しい勾配区間に向かう。蒸気機関車時代にはこの坂の前後、北側の一戸には機関区が、南の沼宮内には機関区支区が置かれ、両駅で補助機関車の連結解放を行っていたが、一部の列車は盛岡から重連、三重連で運転されていた。写真はDD51形ディーゼル機関車の三重連。同型式は本格的な幹線用主力機として開発された液体式ディーゼル機関車で、1962(昭和37)年に登場後まず盛岡機関区に配属されて、東北本線で運用が始まった。撮影は1967(昭和42)年1月、長根信号場～滝沢駅間。この年の4月に厨川～滝沢間が複線化されて、長根信号場は廃止された。

DD51形500番代の三重連牽引で十三本木峠に向かう貨物列車。DD51形の500番代は重連運転のための重連総括制御装置を搭載した、"重連形"と呼ばれるタイプのディーゼル機関車だ　1967年1月7日　撮影/荒川好夫

電気機関車三重連 (トリプルヘッダー)

奥中山駅ED75形三重連 峠を登りきってひと休み

　盛岡以北の国鉄東北本線 (現・いわて銀河鉄道線) が電化された後も十三本木峠とその前後が難所であることに変わりはなく、1200t級の重量貨物列車を牽引する場合にはELでも重連や三重連で運転が行われていた。困難の想定から、ED75形交流電気機関車は当初から重連総括制御が可能なように設計され、前面には貫通扉が設けられていた。同型式は「ヨン・サ

ン・トオ」以降、盛岡に18両、青森に26両と集中的に配備された。写真は奥中山駅を通過中の上り貨物列車。御堂駅からの十三本木峠が急勾配の上り坂として名高いが、小鳥谷を過ぎてからの築堤の上り坂や小繋～西岳信号場までの長い坂など、上り線も勾配区間が長く続く難所だった。

一戸から続く長い坂を登りきって奥中山駅に接近した東北本線の上り貨物列車。牽引しているのはED75形32号機以下ED75形交流電気機関車の三重連　1973年2月18日　撮影/荒川好夫

蒸気機関車三重連
（トリプルヘッダー）

機関士と機関助士
6名乗務
写真は吉谷地の大カーブ

　旧東北本線の奥中山、最急勾配23.8‰の十三本木峠越えは、蒸気機関車の三重連の「大名所」だった。SL三重連では、奥羽本線の矢立峠、花輪線の龍ケ森駅（現・安比高原駅）付近、伯備線の布原信号場（現・布原駅）なども有名だが、奥中山は東北本線という国鉄の大幹線にあったため、それなりの速度を保たなければならなかったり、列車の本数が多かったり、編成が長大だったりと、三重連運行のための条件が完璧なまでにそろっていた。C60形、C61形といった大型の急行用蒸気機関車が急行列車を重連で牽引し、機関士と機関助士にとっては苦労の絶えない難所だったが、奥中山は常にカメラを構えた大勢のSLファンでにぎわっていた。

旧東北本線の御堂駅から奥中山駅に向かい、猛然と煙と蒸気を上げながら吉谷地の大カーブを進むD51形蒸気機関車三重連の圧巻　1964年4月2日撮影／荒川好夫

連絡船を横押しするボート

青函連絡船のサポート役
補助汽船は安全運航の要

写真は補助汽船に押されて岸壁に接岸する青函連絡船の「大雪丸」。青函連絡船ではタグボートは補助汽船と呼ばれていた。青函連絡船の船には自力で離岸、接岸できる船もあったが、補助汽船は入港の際の作業時間短縮や強風時の安全性のため、なくてはならない存在だった。冬期の津軽海峡では北西から強風が吹くことが多いので、補助汽船は船体の大きさのわりに馬力の強い強力なエンジンを搭載し、船首も安定感のある形をしていた。写真の「大雪丸」は国鉄が製造した津軽丸型客載車両渡船7隻のうちの第4船で、1965（昭和40）年に就航した。「大雪丸」の姉妹船の「摩周丸」は函館港で、「八甲田丸」は青森港で、それぞれ博物館船として保存されている。

青森港で青函連絡船の「大雪丸」を押して入港の手助けをする補助汽船「たっぴ丸」。初代の「竜飛丸」は1918年就航の青函連絡船だった。二代目は補助汽船で、船名がひらがな表記となった　1973年8月19日
撮影/荒川好夫

大分交通国東線、キハ602が
ハニフを引く

気動車が客車を牽引
国東半島周回路線計画も

　大分と別府、亀川を結ぶ別大線など、大分交通はかつて大分県下に5本の鉄軌道路線を延ばしていた。写真は日豊本線の杵築駅を起点に、別府湾に沿って国東半島の南岸から東岸へと路線を延ばしていた国東線の列車。3連の、正面2枚窓の車両は「しおかぜ」という愛称の気動車キハ602。

国東線には7両の気動車が在籍していて、全車に愛称があった。キハ602が2両の客車を牽引しており、2両目は2軸客車のハフ54で、3両目は片ボギー客車のハニフ12 。国東線には路線を延伸して国東半島を一周し、豊後高田で大分交通宇佐参宮線に連絡するという壮大なプランがあったが、集中豪雨で橋脚が流出し、1966（昭和41）年に全線が廃止された。

大分交通国東線の八坂駅から杵築駅に向かうキハ602「しおかぜ」。キハ602は国鉄キハ10形をベースに作られた気動車だが、非貫通2枚窓だった　1963年10月14日　急行「九州観光号」　撮影/荒川好夫

5章

バラエティに富んだ鉄道貨物輸送

乗用車も運べば、トレーラーも荷物を満載
したトラックも運んだ。貨車で人を運んだ
こともあるし、戦車を運んだこともあった。
貨物に合わせて特殊な用途の専用貨車も開
発された。時代の要請に応え、貨物輸送は
変化を続ける。

戦車輸送

なんでも運ぶ国鉄貨物
戦車を積んだ長物車

　鉄道は多種多様な貨物を運んできた。自衛隊や在日米軍の戦車を運ぶこともあった。写真は東海道本線の醒ケ井〜米原間を進む貨物列車で、長物車チキ3000形に1両につきM24チャーフィー軽戦車を2両ずつ積んでいる。チキの前後に有蓋車や無蓋車が連結されているので、自衛隊の専用列車ではなく、国鉄の一般的な貨物列車と思われる。チキ3000形は1943（昭和18）年〜45（昭和20）年の間に

632両製造された35t積長物車で、製造当初から戦車の積載が考慮されていた。M24は第二次世界大戦中にアメリカ軍が製造した軽戦車で重量は18.4t。1952（昭和27）年の警察予備隊（現・陸上自衛隊）の創設とともに供与が始まり、最終的に238両が供与された。

チキ3000形は、鉄道省が軍用車両輸送用として製造したチキ1500形を元に、戦時設計車として資材節約を図って製造された。戦車積載の補強のために、台枠の横梁をチキ1500形より1本増やしている　1967年10月23日　撮影/荒川好夫

貨物車で人を運ぶ

資材不足に労働力不足
乗れればいいという時代

　太平洋戦争末期、日本の鉄道は資材や労働力の不足によって車両も施設も荒廃した。また、相当数の車両が米軍の空襲で被災した。戦後しばらくの間は、状態のいい客車は米軍に接収され、窓ガラスのない電車や屋根に穴が空いた客車でも、日本人は乗れればいいという状態が続いた。客車だけでは輸送量を賄うことができないため、貨車までかき集めて旅客輸送が

行われた。写真のワキ1形は1930（昭和5）年から290両製造された特別小口扱輸送専用の25t積み二軸ボギー有蓋貨車。222は1938（昭和13）年製造のタイプ3で、両開きの引き戸に片側5枚ずつの窓があった。ワキ1形のうち38両は連合軍に接収され、他の連合軍専用車と同じように明るい茶色の車体＋白帯という姿になった。

ワキ1形貨車に乗車している人々。戦後まもない頃と思われる。ワキ1形は有蓋で収容力が大きかったため、優先的に代用客車として使用された　撮影日不詳　撮影/国鉄

ピギーバック輸送
トラックを貨物で運ぶ

欧米では主要な輸送手段
モーダルシフト推進で
復活?

　東海道本線根府川駅～早川駅間の玉川鉄橋をピギーバック輸送列車が行く。ピギーバック輸送とは、コンテナを載せたトレーラーや貨物を積んだままのトラックをそのまま長物車や車運車等の専用の貨車に乗せて輸送することをいい、日本では「4tトラックピ

ギーバック」という集配に使用される4tトラック2台をコンテナ車に似た専用平床車に搭載する写真と同じスタイルで、1986（昭和61）年から運行が始まった。貨物駅の設備を簡略化でき、トラック運転手の疲労の軽減やドライバーの人数減が可能になるなど、鉄道側、トラック運送業界側双方にとってのメリットが評価されたが、バブル崩壊による景気低迷のあおりなどを受けて2000（平成12）年に廃止された。

EF66形電気機関車が牽引するピギーバック輸送列車。EF66の次位に、4tトラックを2台ずつ乗せたコンテナが3両連結されている　1988年5月14日　撮影/高木英二

カーラック車

自動車輸送専用貨車登場
貨車初のローレル賞を受賞

カーラックシステムとは、低床貨車コキ71形に自動車輸送専用の折り畳み式ラックを積載し、往路は自動車を積載して輸送、復路はラックを折り畳んでコンテナを積載するというシステム。それまでの自動車積載貨車による輸送では復路は空車になっていたが、その無駄を解消することが可能になった。ラックには輸送中の車の汚れを防止するための屋根があり、自動車は完全に保護されていた。最高時速110kmでの走行が可能で、名古屋と新潟、米子間で運行された。1996（平成8）年に貨車としては初のローレル賞を受賞したが、2000年代後半に自動車メーカーが鉄道輸送から撤退したため、登場からわずか10年あまりで運用がなくなった。

新潟貨物ターミナル駅のコキ71形貨車。乗用車の汚損防止のために装備されたウィングトップ式のアルミ製ラックカバーを開いたところ。カバーは車体中央で2分割されている1995年3月25日　撮影/松本正敏

青函連絡船で
貨物輸送

1914年に始まった貨車輸送
車両航送の栄華の時代

　青函連絡船は本州と北海道の鉄路を連絡して多くの貨物を運んでいた。貨車の輸送は1914（大正3）年の「車運丸（しゃうんまる）」から始まり、車両航送設備を整えた客貨船や貨車渡船が次々に就航し、1972（昭和47）年には1日最大30往復が運航するまでに隆盛を極めた。船の中に線路を敷いて貨物を貨車ごと積んで走る方式が「車両航送」だ。津軽丸型連絡船はワム（15t積み有蓋車）換算で48両、実に東北本線の貨物列車1編成分を積むことができた。車両航送により輸送力が飛躍的に増大し、積み卸し時間も短縮されて、貨物の輸送距離が拡大した。だが1988（昭和63）年3月に青函トンネルが開業して、青函連絡船による車両航送は74年にわたる歴史の幕を閉じた。

青函連絡船八甲田丸の車両航送の様子。何本もの線路の上にコンテナ貨車が並んでいる。どこかの大規模貨物ヤードという雰囲気で、これは船内だといわれなければ車内航送とはわからない　1987年1月7日
撮影/森嶋孝司

活魚コンテナ

コンテナは民間企業の私有 鉄道による活魚輸送は消滅

　魚は鮮度が大事、だが遠くの海で獲れた魚も刺身や寿司で食べたい――日本には鮮魚、活魚を尊ぶ食文化の伝統がある。航空機による輸送は迅速だが、水槽に入れた活魚の輸送には向いていない。空港着後の輸送の問題も残る。そうした事情から、鉄道であれば活魚を速く大量に運べるだろうと考えた民間企業がJR発足直後から活魚コンテナの製造や輸送に乗り出した。例えばヤンマーは活魚輸送に積極的に参入し、1988（昭和63）年にはUL4D形活魚コンテナを製造して梅田〜札幌間などで運用したり他社レンタルを行ったりしていた（2009年にこの事業から撤退）。ほかにも数社が同様の事業を行っていたようだが、現在は鉄道による活魚コンテナ輸送は行われていない。

鹿児島本線浜小倉駅でコキ50000形コンテナ車に積まれた活魚コンテナ。浜小倉駅は西小倉駅と九州工大前駅（撮影時・新中原駅）との間にあるJR貨物鹿児島本線の貨物駅。現在は定期貨物列車の発着は行われていない　1988年8月13日　撮影/高木英二

6章

とても懐かしい車内の様子

列車内でのんびり食事ができた時代があったが、新幹線の食堂車は21世紀に入って早々に消えてしまった。昔、客車の中ではダルマストーブが赤々と燃えていた。編み物をする人もいた。いずれも今は昔の郷愁を誘う光景だ。

０系新幹線の
食堂車

開業10年目に食堂車登場
カレーライスは500円

　かつて特急列車には必ず食堂車が
連結されていた。初めて食堂車がな
い特急が登場したのは1958（昭和33）
年、151系「こだま」だった。東京〜
大阪間の所要時間が6時間半、この
短時間では食堂車は不要との判断が
された。1964（昭和39）年に東海道新
幹線が開業したときはさらに時短が
進み（東京〜新大阪間が3時間10分）、
やはり食堂車は用意されなかった。０
系新幹線に食堂車が連結されたのは
開業から10年後、山陽新幹線の博多
延長を半年後に控えた1974（昭和49）
年9月5日だ。写真は9月5日当日の食
堂車内の様子で、車両は36形。値段
はハンバーグステーキ定食が1000円、
特製カレーライスが500円、コーヒー
が200円だった。

０系新幹線に初登場した全室食堂車36形
の車内の様子。食堂車は16両編成「ひか
り」のちょうど中ほどの8号車に連結されて
いた。まだ向かって左側（海側）の壁がある
時代　1974年9月5日　撮影/白井朝子

100系新幹線
の食堂車

2階からの景色も味のうち
食堂専用車で
優雅な時間を

　100系新幹線には1985（昭和60）年のデビュー当初から食堂車が設けられていた。100系電車は新幹線初の2階建て車両があり、8号車の2階が食堂車だった。厨房は1階で、調理師たちもキッチンが広くなったと喜んだという。でき上がった食事は専用エレベーターで2階へ。粋なはからいで、食堂車には富士山や浜名湖などの景色を楽しみながら食事できるよう大きな窓が設けられた。2階の全フロアが食堂車スペースで、広い車幅をフルに使って4人掛けテーブルが左右にゆったりと配されており、食事中に通路を歩く乗客を気にすることもなかった。メニューは、ハンバーグステーキ定食が1000円、ビーフカレーライスが700円、コーヒーは250円だった。

鉄道車両の2階席とは思えない、広々とした空間が広がる100系168形の食堂車内。"デラックス"と評判を呼んだ。2階席の窓は線路脇の防音壁よりも高く、雄大な景色を眺めながら食事を楽しめた　1986年12月12日　撮影／荒川好夫

100系新幹線の カフェテリア

時速220kmで走るコンビニ
ひかり運用の最後まで残る

　国鉄の分割民営化後、JR東海が新製した100系新幹線G編成の8号車には、2階がグリーン席で1階にカフェテリアが設けられた148形が連結されていた。写真はひかり343号のカフェテリアの様子で、撮影は1988（昭和63）年5月。セルフサービスで弁当やおにぎり、総菜類を選んでレジへという流れも商品もコンビニさながらだ。値段はキオスクやコンビニよりやや高めだったが、バブル景気の真っ最中で売れ行きはよかった。商品が棚いっぱいに陳列されていたのは10年ほどの間で、「こだま」運用ではカフェテリアは車内販売の準備室となった。「ひかり」カフェテリアは100系による定期運用が消滅した2003（平成15）年8月23日まで続けられた。

楽しげな3人連れの女性客。何を選ぶか迷うのも乗車の楽しみだった。抱えたバッグや洋服、ヘアスタイルからも時代が感じられる　1988年5月12日　撮影/高木英二

ウエストひかりのビュッフェで
食事をする出張サラリーマン

37形のビュッフェ車を改造
テーブルと椅子を設置

　昭和の終わりから平成にかけて、京阪神～九州間では新幹線と航空機が激しい旅客争奪競争を繰り広げていた。JR西日本は航空機への対抗策として、普通車の座席を5列から4列に減らしてスペースを広げるなどのリニューアルを施した0系新幹線車両を用いて「ウエストひかり」の運転を開始した。一部編成には「シネマカー」を連結した他、0系37形のビュッフェ車も改造してテーブルと椅子を設け、壁にはシャガールなどの複製画を掲げた食堂車スタイルの新しいタイプのビュッフェ「カフェウエスト」を連結した。車両形式は37形5000番代から37形5300番代に変更。くつろげる車内は大好評。喫煙はフリーで、テーブルには当然のように灰皿が置かれていた。

ひかり52号の「カフェウエスト」。この列車は博多10時発、新大阪駅13時7分着という運行で、ちょうど昼食時間にかかっていたこともあり、ビュッフェはいつも賑わっていた　1988年5月13日
撮影/髙木英二

117

新幹線の寿司専用営業の食堂車

食堂車に「寿司」提灯が
専門の寿司職人が握る

　新幹線に食堂車やビュッフェがあった時代、自由席が満席のときには食堂車やビュッフェで座席が空くのを待つ人が大勢いた。下車駅まで食堂車に居座る強者もいた。写真はひかり308号の食堂車で寿司を食べる人。「寿司」の文字が記された提灯が下がった寿司専用営業で、この食堂車ならば握り寿司とビールを注文して、1時間は

ゆっくり座ってくつろげた。JR化後にはこの寿司専用営業の食堂車のように、カレー食堂車、ステーキ食堂車など、メニューが単一の食堂車が登場したが、メニューの少なさから乗客からは不評だった。

　列車食堂に初めて寿司コーナーが設けられたのは1961（昭和36）年、東海道本線の急行「なにわ」だった。153系サハシ153形のカウンターの一角に寿司コーナーが設けられ、本職の寿司職人が寿司を握っていた。

時速220kmの車内で塗り物の器に盛られたにぎり寿司を提供するとは、バブル景気を象徴するようなシーンだ　1988年5月13日　撮影／高木英二

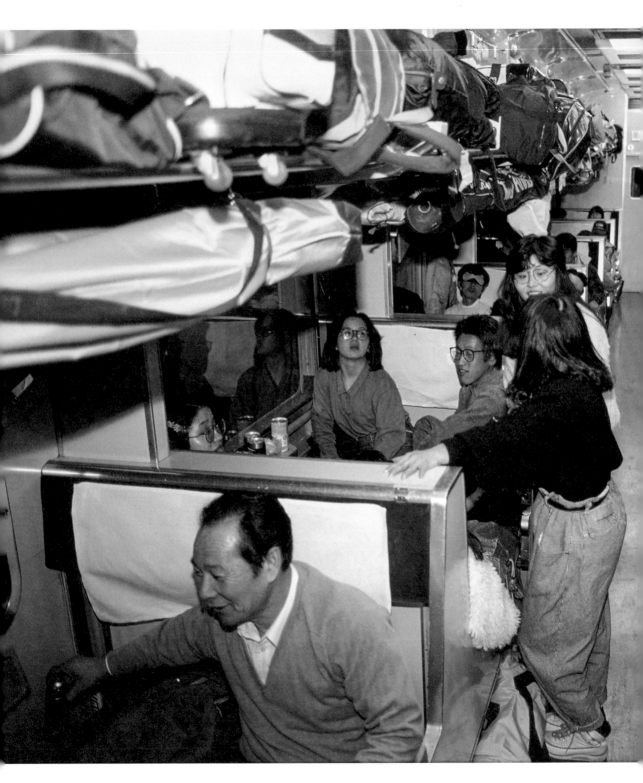

583系シュプール上越の車内

渋滞知らずのスキー列車
出発は土曜夜、帰りは日曜

　スキーブームのさなかの1986（昭和61）年、国鉄はスキー客輸送のための列車「シュプール号」の運行を開始した。当時のスキー客輸送にあわせて往路は土曜発の夜行列車、復路は夕刻発の昼行列車として運行。新宿駅など主要駅では発着駅の異なるシュプール号相互で乗り換えができるよう発着時間をそろえるといったサービスも行った。輸送のライバルだったツアーバスに対抗すべく、特急形車両を使用しながら列車種別は急行列車として運賃込みの格安パッケージ料金を設定し、目的地の駅からゲレンデまでは「シュプールバス」を接続し、「渋滞知らず」を売りに大々的なPRを行った。写真は大船駅発小出行きの「シュプール上越1号」、使用車両は583系。

シュプール上越1号の車内。使用車両は583系だが、夜行列車でも座席車として使われ、上中段ベッドの収納スペースいっぱいにスキー用品が収められているのが見て取れる　1988年2月20日　撮影/松本正敏

木造床の電車内

昭和の終わり頃の木造車
伊豆箱根鉄道の旧型電車

　1982（昭和57）年6月に撮影された伊豆箱根鉄道モハ100形の車内。現在の伊豆箱根鉄道の車両は1979（昭和54）年以後に登場した自社発注車と元西武鉄道101系で占められているが、以前は旧型国電や、西武鉄道や相模鉄道の旧型電車の譲渡車両ばかりで、形式もばらばらだった。大雄山線の151形を見ると、形式こそモハ151形、クハ181形、サハ181形で統一されているが、元をたどれば国鉄モハ32、モハ50、モハ60、クモハ11、クハ16などの17m級旧型国電や、西武鉄道311系、相模鉄道2000系電車が入り混じっていた。国電、西武、相鉄が新型車両に置き換わった1980年代に、床も窓枠も木造のレトロな電車が走っていたのだ。

151形電車の車内風景。乗客はみな、木造床にモケット貼りの座席でリラックスしている様子。ローカル色に溢れた中吊り広告が時代を感じさせる　1982年6月20日
撮影/森嶋孝司

三菱大夕張線の木造客車

SLが消えた後も客車列車は残った

　三菱大夕張炭鉱鉄道は夕張線の清水沢駅と大夕張炭山間を結んでいた三菱石炭鉱業の路線で、三菱大夕張線という略称で呼ばれていた。運行は沿線炭鉱の石炭輸送や夕張岳山麓から運び出された林産品の貨物輸送が中心だったが、道路が未整備だった時代には沿線住民にとっての貴重な足でもあった。気動車が使用されたことはなく、旅客列車にはすべて客車が用いられていた。オハ1形は1906（明治39）年に製造された半鋼製2軸ボギー客車。半鋼製といっても、窓枠や床や貫通扉などは趣きのある木製で、車内だけを見ればレトロな木造客車そのものだった。三菱大夕張線は私鉄で旅客営業に蒸気機関車を用いた最後の路線だった。

三菱石炭鉱業大夕張鉄道のノスタルジックなオハ1形客車内。撮影の前日に大夕張興業所が閉山。買い物客や中高生などの普段の利用客のほか、引っ越しする人々、夏休みの旅行客もいて、座席はほぼ満席だった
1973年8月22日　撮影／荒川好夫

リクライニングしない
クロハ181の転換式
クロスシート

元はパーラーカー、クロ151
わずか7年で形式消滅

国鉄181系特急形電車には新製車と151系、161系からの改造編入車があった。クロハ181形1等・2等合造車は151系からの改造車で、元車はパーラーカーのクロ151形だ。クロ151形の前部のコンパートメント個室は1等車として残し、デッキを挟んだ後部の開放室スペースを2等車に改造した。181系の2等車には回転式クロスシートが用いられていた。しかしクロハ181形では、全くリクライニングしない転換式クロスシートになってしまった。シートピッチこそ他車より広い980mmが確保されたが、特急なのに座席がリクライニングしない車両があったのだ。1973（昭和48）年までに全車クハ181形60番代とクハ180形50番代に再改造され、わずか6～7年で形式消滅した。

新大阪駅に停車中のクロハ181形車内。クロハ181形は山陽特急の「しおじ」や「うずしお」で下関や宇野方の先頭車両として用いられていた　1967年3月26日
撮影／浅原信彦

特急車両にあった
ベネシャンブラインドの窓

寝台座席兼用車の工夫
583系の贅沢なブラインド

　写真は1974（昭和49）年5月撮影、尾久客車区583系特急形電車の窓。この窓はベネシャンブラインド（横型ブラインド）で、水平方向に並んだスラットと呼ばれる羽が上下方向に開閉するという構造だ。ブラインドを上げ下げするだけでなく、全体を下ろした状態のままでもスラットの向きを調節することで外光や外からの視線を遮ったり、光量を調整したりすることができる。583系は昼は座席車で夜は寝台車という昼夜兼行で使用される寝台座席兼用車で、窓の日よけを通常のカーテンや布製ブラインドにすると寝台をセットしたり解体したりする際に邪魔になるため、2枚のガラスの間にベネシャンブラインドを仕込んだ「コンビット窓」が用いられた。

583系車内窓。昼間は4人掛けボックスシートとして使用するために、通路を中央に配し、線路方向に人が寝るプルマンスタイルとなった。中段と上段のベッドは、昼間は窓の上の天井に収められていた　1974年5月　撮影/白井朝子

編み物をする女性

高崎線午前9時前の光景
ローカル線のワンショット

　今は高崎線の普通列車はすべて
E231系やE233系3000番代の10+5
連で、グリーン車も連結されている
が、昭和の末期には、普通車ばかりの
客車列車(定期運行)が1本だけ運転
されていた。撮影は1982(昭和57)年
9月、場所は高崎駅手前の新町駅。列
車は上野駅6時20分発の2321列車

で高崎駅到着は8時57分、この後こ
の列車は信越本線で長野へ向かった。
この写真の少し前まで、EF58形電気
機関車がスハ43系客車や10系客車
を牽引していたが、ちょうどこの頃、
牽引機はEF62形電気機関車、客車は
12系に変更された。朝の9時前に高
崎線の4人掛けボックス席を独り占め
して編み物にいそしむ女性の姿は、今
となっては古き映画のワンシーンのよ
うに見える。

閑散としたオハ12形の車内。この女性はどこまで行ったのだろう。
同形式は旧型客車に比べて車体幅や座席間隔が広がったので、
普通車でも多少はゆったり足を伸ばすことができた。1982年9月
10日　撮影／荒川好夫

ボックス席で
将棋をさす人

列車の中で囲碁将棋
鈍行列車ののんびり旅

　昭和の普通列車はのどかだった。単線区間では列車交換待ちで長時間待たされることがあったし、幹線の複線区間でも特急列車や急行列車の追い越し待ちがあった。数10分も停車して、優等列車2〜3本に抜かれることもあった。都市の駅の通勤時間帯に合わせるための時間調整で長時間停まったままのことも多かった。普通列車というよりも、鈍行列車という言葉が似合っていた。乗客も慣れたもので、寝る人、本を読む人、昼日中でも一杯やる人と、人それぞれ。車内で勉強を済ませてしまう長距離通学の学生もいた。写真は信越本線普通列車のオハ12形車内の1982（昭和57）年の光景。窓下にはまだ灰皿がついている。のんびり紫煙をくゆらす人も多かった。

信越本線普通列車オハ12形車内の光景。盤面を見ると右側の対局者が王手をかける瞬間か。車内の様子も車窓の風景も意識の外の圧勝の一瞬を捉えたショットだ
1982年9月10日　撮影／荒川好夫

133

車内で三味線を弾く人

「野武士のような車両」で
悠然と構えて三味線を弾く

　近鉄道明寺線柏原南口駅に停車中の電車内で老人が三味線を弾いている。ぱらぱらと座っている乗客は誰も気にしていない様子だ。いつもの列車のおなじみの光景だったのだろうか。道明寺線は短距離の単線で、昭和の時代は非常にのどかな路線だった。木造の床に木造の窓枠の電車は近鉄6601形。元は1928（昭和3）年から製造が始まった大阪鉄道デニ500形で、電車として日本で初めての20m級車体を採用した。無骨ともいえる外観から「野武士のような車両」と評されることもあった。1940（昭和15）年に橿原神宮で催された、紀元2600年記念行事では特急として運転された。老朽化に伴って晩年は道明寺線などの支線でのみ使用され、1975（昭和50）年に廃車となった。

柏原南口駅は大和川北岸にある1面1線の駅。ホームは線路の東側にあるので、季節と電車内に射し込んでいる斜光からして、撮影時間は15時頃か。ちなみに道明寺線は、南大阪線の支線で、近鉄では珍しい1067mm軌間の路線だ　1973年10月20日
撮影/荒川好夫

連絡線摩周丸
の客席

寝る、飲む、読む、遊ぶ
4時間の船旅をどう過ごす

　青函連絡船摩周丸は津軽丸型連絡船の第5船で、1965（昭和40）年6月30日から運航を始めた。前年に開通した東海道新幹線電車にならい、船体上部がクリーム色で下部が藍色という塗色が施されていた。設計段階では寝台車航送が計画されており、旅客を寝かせたままで航送する予定だったが、当時の運輸省が寝台車航送を許可しなかったため、このプランは実現しなかった。船内には寝台室、椅子席、桟敷席などさまざまな客室、客席が設けられていた。自由席の船客は少しでもいい席を押さえようと、接続列車が停車するとすぐに荷物を持って駆け出す「桟橋走り」を行った。競争に勝利すれば、あとは津軽海峡の波に揺られて約4時間、自由に過ごすことができた。

摩周丸普通船室座席（絨毯席）の光景。車座になって談笑したり、お化粧を直したり、備え付けの枕で眠ったり。青函間、約4時間の乗船時間の使い方は人それぞれ。修学旅行の団体客利用も多かった　1987年10月20日　撮影/高木英二

だるまストーブ

丸い見た目もあたたかい
憧憬の冬の風物詩

　蒸気機関車の蒸気を客車に送って暖房を行う蒸気暖房は、明治時代から行われていた。しかしこの方法は間に貨車が挟まる混合列車では使えないということもあって、北海道のローカル線では個々の客車にストーブを据えるという方法が用いられていた。そこで主に使用されたのがだるまストーブだ。呼称はもちろん、だるまのような形から。ボギー客車の場合は前後2カ所の座席のクッションを外して設置し、石炭の補給は車掌が行っていた。写真は松前駅に停車中の緩急車のだるまストーブ。国鉄の定期列車では1972（昭和47）年3月にだるまストーブの使用が終了した。最後まで客車暖房にだるまストーブを使用していたのは三菱石炭鉱業大夕張鉄道で、1976（昭和51）年の春まで使われていた。

懐かしのだるまストーブの後方には、在りし日のC58形蒸気機関車407号機の姿が見える（同機は1974年に苗穂機関区で廃車になった。竣工以来生涯を北海道で働き、総走行距離は約932,800kmに及んだ）1973年6月　撮影／荒川好夫

7章

もう見ることのない鉄道施設

移り変わりは世のならい。機関区や電車区が
運転所になり、国鉄がJRになったかと思え
ば、いつのまにかJRの路線が第三セクター
に転換されている。昔見たあの施設も、気が
つけば跡形もない。すべていつしか懐かしの
風景になってしまう。

東京機関区に並ぶ
EF58形電気機関車

国鉄を代表する
名門機関区
ブルトレ牽引機の大壮観

　東京機関区は、東海道本線の特急列車、急行列車の牽引機が配置された国鉄きっての名門機関区だった。撮影は東海道新幹線開業前の1964（昭和39）年元日。磨き上げられたEF58形電気機関車が晴れがましい顔つきで並んでいる。この頃の東京機関区には「ロイヤルエンジン」EF58形61号機や九州行きブルートレイン牽引機のEF58形が多数所属していた。かつてはお召し機のEF53形16 、18号機、客車特急時代に「つばめ」「はと」の牽引機だった「青大将」EF58形も東京機関区の所属だった。後年、ブルトレ牽引機のEF65形1000番代なども配置された。なお、隣接する品川客車区の入換用DLは、東京機関区ではなく品川機関区の所属だった。

当時はすべての電気機関車が戦前以来の標準色だった焦げ茶色（ぶどう色2号）で塗装されていた。右の122号機はJR東海に移籍して、「ユーロライナー」やイベント列車を牽引した　1964年1月1日　撮影／荒川好夫

品川客車区の
ブルートレイン客車

九州行きブルトレの基地
14系、24系がそろい踏み

　国鉄時代、田町駅と品川駅との間の東側一帯には東海道本線の優等列車や新製車両が居並び、壮大な景観を呈していた。このうちブルトレ牽引機は東京機関区に、151系、153系、183系、185系などの特急、急行用電車は田町電車区に配置され、品川客車区には九州各地や山陰方面に向かう寝台特急ブルートレイン用客車の20系、14系、24系が所属していた。写真は1979（昭和54）年11月の品川客車区の様子で、24系25形の特急「出雲」「はやぶさ」「富士」（この3列車は使用車両を共用していた）や、14系14形の特急「みずほ」が絵入りのテールマークを見せて並んでいる。1988年に来日した「オリエント急行」の客車も品川客車区の所属だった。

九州、山陰方面に向かうブルトレ
がずらりと並んだ品川客車区の
留置線。客車内には照明が灯り、
テールランプも点灯して、出発準
備は完了。これから次々に夜の東
海道を下っていく。出発直前の輝
かしい一瞬　1979年11月14日
撮影／荒川好夫

防空のため迷彩塗色されていた車庫

迷彩塗色が目を引く真岡線の車庫

写真はJR東日本真岡線の真岡駅と駅構内に設けられていた水戸機関区真岡支区で、車庫の入口は迷彩塗装されている。

太平洋戦争の末期、米軍艦載機等による爆撃や銃撃を避けるため、銀行、鉄道の建物、車両など、重要な建物や公共施設には迷彩塗色が施された。撮影は戦後43年を経た1988（昭和63）年。バブル景気真っ盛りで世の中全体が少々浮かれぎみだった時代、車庫に施された防空迷彩柄は人々の目にどう映っただろう。ちなみに画面のキハ25形気動車には「さよなら真岡線」と記されたヘッドマークが付けられている。撮影日はJR真岡線の最終日で、翌11日から路線は第三セクターの真岡鐵道に継承された。

JR網架線真岡駅の最終日の姿。朱色5号の「首都圏色」に塗装されたキハ20系とキハ45系は、この日JR真岡線の気動車としてのラストランを行った　1988年4月10日
撮影／森嶋孝司

木造の
扇形車庫

木造建築の粋を極めた
大型の木造扇形庫

　蒸気機関車が全国を走り回っていた時代、運行の拠点となる駅には機関車の向きを変えるための転車台が設けられ、転車台を中心として扇形の格納庫、扇形庫が設けられていた。「転車台＋扇形庫」は限られた面積に多くの機関車を収納でき、ポイントの数も減らせるので、多くの機関区で用いられていた。紀勢本線の運行拠点の一つ、紀伊田辺機関区にも木造の大型の扇形庫があった。現代からすれば非常に豪華に見える、味わいのある建築だ。撮影時の1969（昭和44）年当時はC50形、C57形、D51形が所属。同区所属のC57形7号機は鉄道100周年記念列車を牽引して汐留〜東横浜間を走った。画面右のD51形158号機は紀伊田辺機関区所属蒸気機関車の最後の1両になった。

機関車を7両収容できる紀伊田辺機関区の見事な木造扇形庫。現在まで残されていたなら、鉄道遺産に登録されて保存されたに違いない　1969年12月21日
撮影／荒川好夫

湯沸かしに転用された
SLのボイラー

究極の廃物再利用
SLのボイラーで暖をとる

　石北本線遠軽機関区庫内の光景。
廃車となり解体された蒸気機関車の
ボイラーを据え付けて暖房や湯沸かし
として再利用している。ずいぶん大き
なボイラーだが、遠軽は北海道北東部
のオホーツク海近くに位置し、冬は最
低気温がマイナス20℃を下回る日も
ある厳寒地ゆえ、好都合だったのだろ
う。かつて遠軽駅は石北本線と名寄
本線が接続する拠点駅として、構内に
遠軽機関区のほか、北見客貨車区遠
軽支区やコンテナ基地が併設されてい
た。1989（平成元）年に名寄本線が廃
止された後は、遠軽駅は全国でも少な
い平面スイッチバックの駅になり、今
は特急「オホーツク」をはじめ石北本
線のすべての列車が停車する。SLボ
イラーによる暖房も今は昔だ。

蒸気機関車は巨大だが、ボイラーだけに
なってもこのサイズ。なんとも大きなボイ
ラーがあったものだ。手前の人物と比べる
とそのサイズ感がよくわかる　1968年7月
9日　撮影／荒川好夫

単灯式信号機

腕の代わりの色ガラス
1灯で赤から緑に

　鉄道信号機には、駅や線路際に設置される色灯式信号機、腕木式信号機、灯列式信号機や、車両の運転席に設置された車内信号があり、駅の構造や路線の状況などによって使い分けられている。色灯式信号機は、赤、黄、緑三色の組み合わせによって二灯式から六灯式までがある。これらの信号とは別に、以前は単灯式と呼ばれる信号機があった。この信号機は腕木式信号機の構造を変更し、腕の代わりに常時点灯の発光部を一つ設け、内蔵の色ガラス眼鏡を動かして表示を変えるという方式だった。色ガラスというだけでも胸ときめくこの信号機は、1933（昭和8）年に考案され、1995（平成7）年に池北線（のちの北海道ちほく高原鉄道）での使用を最後に消滅した。写真は旧東北本線の奥中山駅〜小繋駅間にあった西岳信号場の単灯式信号機。

"一つ目小僧"なのに機関士にしっかりとGO or STOPを知らせることができたレトロ信号機。腕木式信号機と組み合わせて用いられることも多かった　1964年3月29日　撮影／荒川好夫

隅田川駅
荷物の仕分け

瞬時に荷札を読み取る神業
経済成長期の流通を支える

　隅田川駅は主に東北、北海道、上越方面などを結ぶ貨物・荷物列車のターミナル。東海道方面に向かう東京貨物ターミナル駅と並ぶ東京の二大貨物駅であり、日本の流通を支える一大

拠点だ。1897（明治30）年の開業当時
は、隅田川の水運と連携して石炭、木
材、砂利などを取り扱っていた。昭和
の時代には多種多様な一般貨物や小
荷物扱いが中心で、写真のように広大
な屋内に何本ものベルトコンベアが配
置され、ベテランの職員が荷物の行き

先を瞬時に読み取り、神業さながらの
マンパワーで仕分けをしていた。時流
れ、現在取り扱う貨物のおよそ半数は
紙となった。構内には5面10線のコ
ンテナホームが並び、新潟や仙台方面
から届く紙を積んだ高速貨物列車が
毎日発着している。

巨大な隅田川駅は、どう見ても物
流倉庫そのもの。鉄道駅には見え
なかった。運ばれた荷物が、右手
奥から次々に運び込まれている
1974年12月
撮影／荒川好夫

三角線での
方向転換

転車台を使わず方向転換
三角線を行ったり来たり

今はなき日本硫黄観光鉄道の終着駅沼尻駅の三角線で機関車の向きを変えているところ。三角線はデルタ線ともいい、文字どおり三角形状に配置された線路を指す。線路を三角形に配置することで転車台を使わずに車両の向きを変えることができる。沼尻駅のような小規模な三角線は日本では珍しく、近鉄伊勢中川駅付近のように三角形に設けられた路線を使って編成ごと列車の向きを変える例が多

い。小規模な三角線の例としては、秋
田機関区では転車台と三角線がとも
に用いられていた時期があった。肥
前山口駅(現・江北駅)は転車台を設
置すると地盤沈下してしまう恐れが
あったため三角線が設けられ、1970
(昭和45)年頃まで使用された。

終点沼尻駅の外れで小さな機関車が行ったり来たり。
同じく小さな三角形を周回すると、進行方向が変
わった。ちなみに日本硫黄観光鉄道は晩年に社名を
磐梯急行電鉄に変更したが、急行列車が運転された
り、電化されたりすることはなかった　1965年8月
25日　撮影／牛島完

移動式みどりの
窓口バス

"みどりの窓口が貴方の元へ"
駅に行かずに切符が買える

　1980年代、慢性的な赤字に悩んでいた国鉄は旅行者を増やして売上増進を図るべく、さまざまなアイデアを出し合って実現させていた。大阪鉄道管理局が考案した移動式みどりの窓口バス「旅立ち号」は、会社や団地、イベント会場などに行って、その場で旅行相談や切符の販売を行うという

発想から誕生した。車内にはマルス（オンラインシステム）の端末機、主要観光地を紹介するビデオや各種宿泊施設の資料やパンフなどを満載し、ビジネス客から観光客まで、幅広い旅行者に対応できるようになっていた。びゅうプラザが閉鎖し、みどりの窓口の削減が図られている現在、人が集まる場所に出向いて切符の販売を行ったバスの存在は古きよき時代の郷愁を誘う一方で、斬新にも映る。

大阪梅田駅前に停車中の「旅立ち号」。ネーミングから、山口百恵の「いい日旅立ち」を思い起こす人も多いだろう。このバス1台で、旅行相談、特急券や指定席券の発券など、実店舗のみどりの窓口と同じ業務が行えた　1985年7月16日
撮影／森嶋孝司

8章

駅に当たり前にあったシーン

昭和の鉄道駅ホームで誰もが目にして記憶
に留めているシーンといえば、タブレット
交換だろう。今、タブレット交換が見られ
る鉄道はごくごく限られている。かつては
当たり前にあった、でも今はもう見ること
のできない、貴重な駅風景を集めた。

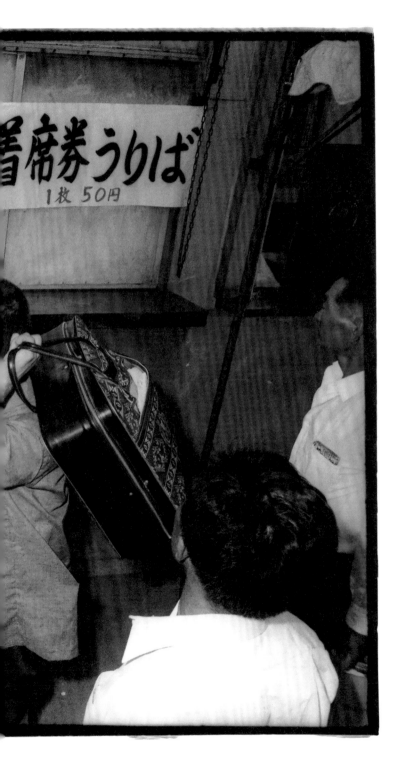

着席券売り場
の行列

混雑時期の着席保証券
列車始発駅のみで販売

　かつて着席券なるものがあった。特定の列車に乗車し座席を確保するために駅や列車内で発行されていた乗車整理券で、1949（昭和24）年から発行が始まった。座席指定券とは異なり、着席券は年末やお盆休みなど急行列車や長距離普通列車が混雑する時期に、その列車の始発駅で乗客の着席を保障するための切符だった。1950年代から60年代にかけては、混雑期にはホームや改札口前に発車時刻の数時間も前から長蛇の列ができた列車があったから、着席券売場にも当然のように長蛇の列ができた。この券は駅の混雑整理にも役立ったようだ。1970年代の中頃から、マルスシステムにより指定券の確保がしやすくなるなどして、着席券は次第に消えていった。

1971年8月、お盆休み時期の上野駅着席券売場の様子。お盆休みは寒冷地方から東京への出稼ぎ者が一斉に里帰りする季節でもあった。着席券の券面には「発車5分前までに乗車されなければ無効」と表示されていた　1971年8月12日
撮影／荒川好夫

発車時刻
吊り下げ板

詳細な乗車案内板を
駅員が手作業で交換

発車時刻吊り下げ板は古くは木製の木札で、駅の改札口やホーム、コンコースなどに設置されていた乗客向けのサボ（行先板）である。列車ごとに

１枚ずつ作られていた。吊り下げ板には発車時刻のほか、特急、急行などの列車種別と列車名や発車時刻、発車番線、行き先などが記されていて、列車が出発するたびに駅員が手作業で取り換えていた。写真は上野駅の中央改札口に掲げられた上信越線方面

列車乗り場の発車時刻吊り下げ板で、いかにもターミナル駅らしい雰囲気が漂う。「あさま」や「とき」などの特急の案内板には自由席の号車が記されて、乗客がホームに出てからどちらに向かえばいいかがわかるようになっていた。

列車の発車に合わせて発車時刻吊り下げ板を移動させる上野駅の駅員。ほかの駅では乗り場案内が幕式に変わった後も、東京の北門、上野駅では長くこの方法が続けられていた。列車の遅れや到着予定時刻などを知らせる板もあった　1975年4月11日　撮影／荒川好夫

幕式の
のりば案内

くるくる回る発車標
パタパタ以前のレトロ案内

　発車標（発車情報案内掲示器）は時代時代で変化、進化を遂げてきた。写真は字幕式（幕式と呼ぶことが多い）乗り場案内が主流だった1987（昭和62）年の札幌駅で、同駅では全ホームと通路に字幕式乗り場案内が設置されていた。字幕式は車両に装備されていた方向幕と同じ方式で、あらかじめ印刷された表示面を回転させて表示する。この方式はそれまでの固定掲示器とは異なり、時間ごとに表示内容を変化させることができた点が画期的とされた。発車標はその後、パタパタ式（反転フラップ式）やCRT（ブラウン管式）などの時代を経て、現在はLED式やLCD式が主流になっている。発車標も人の工夫やぬくもり、技術の歩みを語る。たかが発車標、されど発車標だ。

札幌駅の発車標、のりば案内。3番線と7番線には列車の行き先と発車時刻、列車種別のほかに飛行機マークが記されていて、千歳空港駅（現・南千歳駅）に停車することを表してる　1987年11月12日
撮影／森嶋孝司

横川駅ホームで
味噌汁を売る

「峠の釜めし」と一緒に
温かい味噌汁を
信越本線の旅の楽しみ

　信越本線横川駅ホームでの味噌汁
販売風景。味噌汁の容器を手にして
いる女性の後方には「峠のシェルパ」
EF63形電気機関車の重連が写ってい
る。まだ信越本線碓氷峠越えの「横
軽」間の廃止前で、すべての列車は横
川駅と軽井沢駅で補機の連結解放を
行っていた。そのため両駅では全列
車が10分前後も停車。その間、列車
の乗客はホームに下りて腰を伸ばした
り、「峠のシェルパ」の連結解放を撮
影したりできた。荻野屋の名物駅弁
「峠の釜めし」は横川駅停車中の"お
約束"。温かい味噌汁を注いでもらい、
お茶やお菓子を買い足す時間も十分
にあった。

列車停車中の味噌汁販売。乗客にも販売
員にものんびりしたゆとりが感じられる
1988年7月25日　撮影／森嶋孝司

靴磨き

上野駅のプロの靴磨き職人
靴の補修も行う

　日本で街頭の靴磨きが始まったのは第二次世界大戦終戦直後だったようだ。始まりは、戦争で親を亡くした子どもや貧困のために路上生活を余儀なくされた子どもがお金を稼ぐために考え出した仕事だったといわれている。写真は1975（昭和50）年の上野駅の地下道。靴磨きが始まった当初は、アイデア勝負のサービス業だったわけだが、1970年前後には靴を磨く作業に加えて靴の補修や仕立てまでを行うプロの「靴磨き職人」にまで発展し、技術も地位も確立された。高度成長期には、都内の道路は至るところが未舗装で、泥だらけの道を歩くとたちまち靴が汚れたから、勤め人は誰もが気軽に台に足を載せて靴を磨いてもらった。靴磨きは高度成長期の都会の風物詩でもあったのだ。

東京の北玄関、上野駅地下通路の靴磨き。路上で靴磨きを行うには「道路使用許可」と「道路占有許可」が必要であった　1975年4月1日　撮影／河野豊

ホームに座り込んで
列車を待つ人々

旧盆の帰省ラッシュの光景
待って待って座席を確保

　写真は1965（昭和40）年の8月に上
野駅のホームで列車を待つ人たち。お
盆休みの帰省客で駅がもっとも混雑
する時期だ。夏休みには臨時列車が
多発されることもあり、どの列車を利
用するかという選択もかなりの難題
だったが、当時、東北本線の場合な
ら、所要時間は急行でも仙台まで5時
間半、盛岡まで8時間半、青森となる
と12～3時間はかかっていたから、座
って行きたいと思えば、こうして目的
の列車が入線するまで辛抱強く待つ
ほかなかった。指定席が連結されて
いる列車はまだ少なかったし、乗車券
の入手も大変だった。それでも座れ
なければ、列車の通路に新聞を敷いて
座り込むという苦肉の策も発動され
た。場所取りのため、列車の窓から座
席に荷物を放り込むマナーの悪い乗客
もいた。

民族大移動の季節、ホームに座り込んで乗
車列車を待つ乗客たち。後ろの客車はスハ
32形。昭和の始めに作られた古豪が頑張っ
ていた時代だった　1965年8月
撮影／荒川好夫

満員のまま走り出す中央線

混雑率300％超え「押し屋」も登場

　高度経済成長期の通勤ラッシュは凄まじいものだった。新聞や雑誌には「通勤地獄」とか、ラッシュアワーならぬ「圧死アワー」といった言葉が踊

っていた。車両の混雑度は「輸送人員÷輸送力」で算出される混雑率という数値で表される。最近では混雑がひどい路線でもせいぜい150%くらいで、200%を超えるとニュースになるが、昭和30〜40年代には300%を超える路線や列車が珍しくなかった。ち

なみに混雑率200%は「体が触れ合い、相当な圧迫感がある」というレベル。冬になると着ぶくれで混雑はさらにひどくなった。満員の電車にむりやり乗客を押し込んだり引きはがしたりする学生バイトの「押し屋」が活躍しだしたのもこの頃だった。

101系電車の窓を開け、窓枠にしがみついて周囲の乗客からの圧力をこらえる通勤電車のサラリーマン。この日を乗り切ればつかのまの休日が訪れるという、ゴールデンウィーク前日の中央線風景 1972年4月28日　撮影／荒川好夫

タブレット交換

衝突を避けるための必需品
閉塞区間の通行手形

　タブレット交換を懐かしい光景として記憶に留めている人も多いと思うが、今やタブレット交換が見られる駅も少なくなった。ご存じのとおり、タブレットは丸、三角、四角などの穴があいた金属の円盤で、穴の形で運転区間を区別するという通票だ。簡単に言ってしまえば、タブレットは列車の通行手形のようなもので、タブレットを持たない列車はその区間の走行ができなかった。

　タブレット交換を行う際、列車が駅に停車する場合は問題がなかった。しかし通過列車で、駅長や機関士、機関助士などの間で走行中に通票交換を行う通過通票授受では、タブレットの受け渡しに高度な技術が必要だった。万が一タブレットの交換（受け取り）に失敗すると、非常制動をかけて大至急取りに戻らなければならなかった。

芸備線矢神駅でのタブレット交換風景。プロフェッショナルの集中の一瞬。タブレット交換に失敗すれば悲惨な事故も起きかねない。　1983年6月8日
撮影／森嶋孝司

写　　真

レイルウエイズグラフィック

鉄道写真に特化したフォトライブラリー。旧国鉄本社広報部の専属カメラマンとして国鉄が民営化した直後まで広報・宣伝用写真撮影に従事した、代表の荒川好夫氏が撮影し続けてきた写真を中心に、昭和から現代に至るまでの豊富な鉄道写真をストックする。特に国鉄時代の写真の数々は、今となっては見ることのできない貴重なものが多く、記録資料としての価値も高い作品を数多く未来へ伝える。本書のシリーズ『滅びゆく鉄道名場面』・『失われゆく国鉄名場面』（天夢人刊）でも写真協力をしている。

http://rgg-photo.net/

今ではありえない
鉄道迷場面

2023年4月28日　初版第1刷発行

STAFF

編　　　集　　真柄智充(「旅と鉄道」編集部)

デ ザ イ ン　　安部孝司

写　　　真　　レイルウエイズグラフィック

　　文　　　西森　聡

校　　　正　　木村嘉男

編　　　者　「旅と鉄道」編集部
発　行　人　勝峰富雄
発　　　行　株式会社 天夢人
　　　　　　〒101-0051　東京都千代田区神田神保町1-105
　　　　　　https://www.temjin-g.com/
発　　　売　株式会社 山と溪谷社
　　　　　　〒101-0051　東京都千代田区神田神保町1-105
印刷・製本　大日本印刷株式会社

■内容に関するお問合せ先
「旅と鉄道」編集部　info@temjin-g.co.jp　電話 03-6837-4680
■乱丁・落丁のお問合せ先
　山と溪谷社カスタマーセンター　service@yamakei.co.jp
■書店・取次様からのご注文先
　山と溪谷社受注センター　電話048-458-3455　FAX048-421-0513
■書店・取次様からのご注文以外のお問合せ先
　eigyo@yamakei.co.jp

■ 定価はカバーに表示してあります。
■ 本書の一部または全部を無断で複写・転載することは、
　著作権者および発行所の権利の侵害となります。

懐かしい鉄道シーンが蘇る!

滅びゆく鉄道名場面

トレインマークの交換や、第一種踏切を上げ下げする保安係、駅構内にあった吊り下げ式の発車案内板、サボ収納室、「パタパタ」式発車案内装置、硬券ホルダーなど、かつては当たり前にあった鉄道の名場面を、鉄道に特化したフォトライブラリー「レイルウエイズグラフィック」所有の写真で振り返る一冊。

「旅と鉄道」編集部 編
B5判・192頁・2530円

失われゆく鉄道名場面

今となっては失われてしまった、おおらかだった昭和の鉄道シーンを、国鉄公式カメラマンとして撮影し続けた「レイルウエイズグラフィック」所蔵の写真とともに振り返ります。鉄道員たちの働く姿あり、大人気だった名列車あり、アナログだった時代の鉄道システムなど時代を象徴する鉄道の名場面が満載の一冊。

「旅と鉄道」編集部 編
B5判・192頁・2530円

名車両を記録する「旅鉄車両ファイル」シリーズ

旅鉄車両ファイル 1 「旅と鉄道」編集部 編／B5判・144頁・2475円

国鉄103系 通勤形電車

日本の旅客車で最多の3447両が製造された通勤形電車103系。すでに多くの本で解説されている車両だが、本書では特に技術面に着目して解説する。さらに国鉄時代の編成や改造車の概要、定期運行した路線紹介などを掲載。図面も多数収録して、技術面から103系の理解を深められる。

旅鉄車両ファイル 2 佐藤 博 著／B5判・144頁・2750円

国鉄 151系 特急形電車

1958年に特急「こだま」でデビューした151系電車(登場時は20系電車)。長年にわたり151系を研究し続けてきた著者が、豊富なディテール写真や図面などの資料を用いて解説する。先頭形状の変遷を描き分けたイラストは、151系から181系へ、わずか24年の短い生涯でたどった複雑な経緯を物語る。

旅鉄車両ファイル 3 「旅と鉄道」編集部 編／B5判・144頁・2530円

JR東日本 E4系新幹線電車

2編成併結で高速鉄道で世界最多の定員1634人を実現したE4系Max。本書では車両基地での徹底取材、各形式の詳細な写真と形式図を掲載。また、オールダブルデッカー新幹線E1系・E4系の足跡、運転士・整備担当者へのインタビューを収録し、E4系を多角的に記録する。

旅鉄車両ファイル 4 「旅と鉄道」編集部 編／B5判・144頁・2750円

国鉄 185系 特急形電車

特急にも普通列車にも使える異色の特急形電車として登場した185系。0番代と200番代があり、特急「踊り子」や「新幹線リレー号」、さらに北関東の「新特急」などで活躍をした。JR東日本で最後の国鉄型特急となった185系を、車両面、運用面から詳しく探求する。

旅鉄車両ファイル 5 「旅と鉄道」編集部 編／B5判・144頁・2750円

国鉄 EF63形 電気機関車

信越本線の横川〜軽井沢間を隔てる碓氷峠。66.7‰の峠を越える列車にはEF63形が補機として連結された。本書では「碓氷峠鉄道文化むら」の動態保存機を徹底取材。豊富な写真と資料で詳しく解説する。さらに、ともに開発されたEF62形や碓氷峠のヒストリーも収録。

旅鉄車両ファイル 6 「旅と鉄道」編集部 編／B5判・144頁・2750円

国鉄 キハ40形 一般形気動車

キハ40・47・48形気動車は、1977年に登場し全国の非電化路線に投入。国鉄分割民営化でも旅客車で唯一、旅客全6社に承継された。本書では道南いさりび鉄道と小湊鐵道で取材を実施。豊富な資料や写真を用いて本形式を詳しく解説する。国鉄一般形気動車の系譜も収録。

旅鉄車両ファイル 7 後藤崇史 著／B5判・160頁・2970円

国鉄 581形 特急形電車

1967年に登場した世界初の寝台座席両用電車。「月光形」と呼ばれる581系には、寝台と座席の転換機構、特急形電車初の貫通型という2つの機構を初採用した。長年にわたり研究を続けてきた著者が、登場の背景、複雑な機構などを踏まえ、その意義を今に問う。

旅鉄車両ファイル 8 「旅と鉄道」編集部 編／B5判・144頁・2860円

国鉄 205系 通勤形電車

国鉄の分割民営化を控えた1985年、205系電車は軽量ステンレス車体、ボルスタレス台車、界磁添加励磁制御、電気指令ブレーキといった数々の新機構を採用して山手線にデビューした。かつて首都圏を席巻した205系も残りわずか。新技術や形式、活躍の足跡をたどる。

発行:天夢人　発売:山と溪谷社

価格はすべて10%税込